JN203005

新版

複合動詞の構造と意味用法

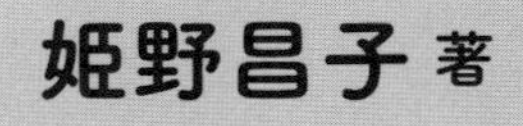

姫野昌子 著

研究社

まえがき

多くの日本人は、気づいていないが、日本語の複合動詞は、実に豊かで、さまざまな陰影に満ちた用法を備えている。古代日本語から受け継がれてきた、動詞が連なって、新たな動詞を作るこの形態は、決してでたらめなものではなく、よく見ると、それなりに理にかなっていて、言葉の深い摂理とも言える合理性に支えられているということが分かる。ただ、我々は、母語にあまりにもなじみ過ぎて、その仕組みが見えないだけのことである。

日本語は、今や日本人だけが国語として学ぶものではなくなった。国内外の大勢の外国人が日本語を学習し、研究する時代となった。今まで日本人同士の間では、当然分かり切ったこととして、意識にのぼらなかったことも、根本からきちんと客観的に説明しなければならなくなった。複合動詞の研究も、その流れから無縁ではいられない。

1970年代の初め、外国人留学生に日本語を教えていた折のこと、初めて担当したクラスで質問に答えられず、立往生してしまった。それは、「家の中に駆け込む」とは言えるのに、なぜ、「家の中に歩き込む」とは言えないのかという内容であった。ビルマ（現在のミャンマー）の留学生からの鋭い問いであった。母語である日本語について簡単なことさえ説明できないことを思い知らされた瞬間であった。その問いに答えるため、いろいろ調べ、小論にまとめて大学の紀要に発表するまで、結局、10年近くたってしまった。その中で、少しはこの時の質問に対する答えが出せたのではないかと思っている。

最近は、複合動詞に関して大学院の修士論文や博士論文のテーマに取り上げられ、外国人研究者による比較対照研究も発表されるようになってきた。日本語学の立場から語構成の研究の中で複合動詞に新たな位置づけを与えられるようになってきたのは、喜ばしいことである。

今回、このような新しい研究の成果も取り入れながら、今までに発表した小論に手を加え、複合動詞の概観をまとめることになった。外国語としての日本語を学ぶ人々のことも念頭に置き、その仕組みや意味・用法を解き明かす一助になればと願うものである。

第1章では、複合語について概観し、その中の複合動詞の位置と役割を考える。第2章では、先行研究を紹介しつつ、複合動詞の分類方法を探る。第3章から11章までは、主な後項動詞について個別に考察する。最後に、第12章では、複合動詞の結合の様相から動詞の意味分布を考えてみる。例えば、「飛ぶ」と「舞う」の違いは、複合動詞の形を見ることによって、より明確になるであろう。

{ 飛びこむ：勢いを伴う内部移動。
　舞いこむ：緩やかな動きを伴う内部移動。

{?飛びおちる：意志性に反するので、不成立。
　舞いおちる：無意志性に合致するので、成立。

{ 飛びつく／飛びかかる　：指向性に合致するので、成立。
?舞いつく／?舞いかかる：指向性に反するので、不成立。

{ 飛びまわる：方向性自由。
?舞いまわる：回転が当然含まれるので、「まわる」の添加不可。

これらの対比から二つの語の意志性、指向性、方向性等に関する違いが浮き彫りにされてくるものと思われる。

以上の章のうち、第3章～9章は、東京外国語大学『日本語学校論集』に発表した小論に手を加えたものであり、そのほかの章は、今回新しく書き下ろしたものである。

文部省から平成10年度科学研究費補助金「研究成果公開促進費」が助成されることになり、このような形で出版される運びとなった。ひつじ書房の松本功氏のご尽力に負うところが大きい。感謝申し上げる次第である。

1999年2月

著　者

復刊に際して

この度、研究社の吉田尚志氏のご尽力により、ひつじ書房より刊行された旧著が復刊されることになった。この 20 年近くの間に複合動詞の研究は飛躍的に進歩したが、外国語としての日本語研究にいささかなりとも資することがあればと、復刊のご提案をお受けした次第である。編集作業に関しては、松本千晶氏にお世話になった。研究社のお二方に心から感謝を申し上げたい。

2018 年 5 月

著　者

目　　次

第4章 「～こむ」および内部移動を表す複合動詞類 59

第5章 「～でる」と「～だす」 83

第10章 「～なおる」と「～なおす」 195

第11章 「～たつ」、「～たてる」と「～まくる」 205

新版
複合動詞の構造と意味用法

第 1 章

複合動詞とは

1.1 複合語

東京堂出版『国語学大辞典』第 1 版の「複合語」解説によれば、「単語が、その構成より見て、二つ以上の語彙的意味を持つ部分（形態素）に分析し得ると認められるとき、これを合成語と言（う）…この合成語のことを複合語と称する場合もあるが、ふつうは…本来単独の用法を持ち得る二つ以上の合成によるものを特に複合語と言って…派生語と区別する」（阪倉篤義執筆）（…は中略の意。以下同）とある。この説明において「単独の用法を持ち得る」語とは、名詞、動詞、形容詞、形容動詞、副詞等である。国立国語研究所の調査『現代雑誌九十種の用語用字　第三分冊 分析』（1962: 253）[1] では、次のような結果が報告されている。

- 感動詞、接続詞、陳述の副詞は複合語を形成しない
- 名詞の類は、わりあい万遍なく複合語を形成しやすい
- 動詞の類は、名詞より複合語を形成することばが限られている
- 動詞の類は、複合するときは複合動詞を作りやすい
- 語種では漢語の複合生産量が一番大きく、以下和語、外来語、混種語と続く
- 漢語は名詞と形容詞、和語は動詞の生産量が大きい

[1] （1962: 253）とは、1962 年の出版で、253 頁に引用箇所があることを示す。以下、このように引用文献の出版年数と該当頁数を記す。引用文献については巻末の「参考文献」の項を参照されたい。

この本の中では、和語の複合動詞を中心に考えていくつもりである。その関連から、和語に限って複合の主な形式を表にまとめると、次のようになる。

複合語の構成パターン（形容詞の中に形容動詞も含める）

		前要素	+	後要素	=	複合語（例）
				（名詞）		（名詞）
①	（名詞）	手	＋	足	＝	手足
②	（動詞）	飲む	＋	薬	＝	飲み薬
③	（形容詞）	長い	＋	雨	＝	長雨
				（動詞連用形）		（名詞）
④	（名詞）	綱	＋	渡り	＝	綱渡り
⑤	（動詞）	乗る	＋	降り	＝	乗り降り
⑥	（形容詞）	薄い	＋	着	＝	薄着
				（形容詞語幹）		
⑦	（形容詞）	好きな	＋	嫌いな	＝	好き嫌い
				（動詞連用形）		
⑧	（副詞）	ほろほろ	＋	酔い	＝	ほろ酔い
				（動詞）		（動詞）
⑨	（名詞）	目	＋	さめる	＝	目ざめる
⑩	（動詞）	書く	＋	始める	＝	書き始める
⑪	（形容詞）	近い	＋	寄る	＝	近寄る
⑫	（副詞）	ぶらぶら	＋	下がる	＝	ぶら下がる
				（形容詞）		（形容詞）
⑬	（名詞）	名	＋	高い	＝	名高い
⑭	（動詞）	焦げる	＋	くさい	＝	焦げくさい
⑮	（形容詞）	細い	＋	長い	＝	細長い
⑯	（副詞）	むずむず	＋	かゆい	＝	むずがゆい

この表からも明らかなように、複合語が形成される場合は、次のような現象が見られる。

(1)　活用語の場合、前要素の形が次のように変わる。

- 動詞は、連用形に（乗る → 乗り）
- 形容詞や形容動詞は、語幹に（薄い → 薄）（好きな → 好き）
- 副詞（擬態語）は、語基に（ほろほろ → ほろ）

なお、玉村 (1985: 30) に指摘があるように、副詞の場合は、音象徴語、いわゆる擬態語、擬声語が複合成分になりやすい。

(2)　原則として後要素の品詞が複合語全体の品詞となる。

- 動詞「飲む」＋ 名詞「薬」→ 名詞「飲み薬」

(3)　後要素に連濁現象が起こりやすい。

ただし、前と後の要素が対等な関係の場合 (うえ＋した → うえした) や複合動詞には起こりにくい。

「複合語は、単語と文との間に位置するものであり、いわば圧縮された文と言ってもよい」(前掲『国語学大辞典』)。語の形態構造と文の統合構造との関連性については複合名詞の研究が進んでいるが、複合動詞は、まだ先行研究が限られている。

石井 (1983b: 45) の説明にあるように、複合動詞は、「現実に行われつつある一つの運動を、異なる運動を表す二つの要素を用いて表すもので…単純動詞ではもち得ない豊かな表現力を有している…」。複合語の中で重要な役割を果たしている、このような複合動詞についてこれからいろいろな角度から見ていくつもりである。

なお、複合語の構成に関しては、阪倉 (1957)、斎賀 (1957)、玉村 (1985) 等に詳しいので、ここではこれ以上は触れないことにする。

1.2　動詞と動詞の結合形式

動詞と動詞が結びつく形式には、二通りある。「て」の形に続くものと、上に挙げたような、動詞の連用形に続くものである。両者がサ変動詞や一段動詞の場合には、形の上から見れば、よく似ていることがある。例えば、次のような語である。外国人学習者などは混同しやすいが、機能も用法も違うので、注意が必要である。

してあげる	恥じている	押してやる	透かしてみる
しあげる	恥じいる	押しやる	透かしみる

このペア上段の「て」の形に続く動詞類は、通常、その形式度の高さから「補助動詞」と呼ばれている。連用形に続く動詞類は、複合動詞の「後項動詞」と呼ばれることが多い。その中で多くの動詞につく生産性の高いもの（造語力の強いもの、すなわち多くの語につき、複合動詞を作りだしていくもの）を特に「補助動詞」と言うこともあるが、「て」の形に続くものとは働きが異なるので、はっきり区別したほうがよいと思われる。

この本の中では、複合動詞については「後項動詞」とし、その中でも特に生産性の高いグループを接尾辞化したものと呼ぶことにする。佐久間（1966: 186）では、「て」の形に続くものを接合動詞、連用形の動詞に続く形を鎔接動詞と呼んでいる。つまり、前者は、連結関係がゆるく、間に「は」、「も」、「なんか」等の助詞が入るのに対して、後者は、まるで鎔接されたかのように一体化しているということで、構成要素の緊密度から命名されたものである。

寺村（1984: 119, 123, 164）では、これらをさらに概観的にとらえ、アスペクトの体系の中で位置づけをしている。従来の国文法でばらばらに扱われていたものを有機的に関連づけたという点で卓見であろう。

一次的アスペクト：スル（未然）とシタ（既然）
二次的アスペクト：
　a.（〜シテ）イル、アル、シマウ、イク、クル　　［アスペクト］
　b.（〜シテ）オク、ミル、ミセル　　［もくろみ］
　c.（〜シテ）ヤル／アゲル、モラウ／イタダク、
　　クレル／クダサル　　［やりもらい］
三次的アスペクト：（〜シ）ハジメル、ツヅケル、カケル等

私見では、用法は限られているが、［やりもらい］に「（〜シテ）サシアゲル」も入るのではないかと考えている。そうすると、a、b、c の類を合わせて、「て」の形に続く動詞が計 15 語となる。

寺村（1984: 166, 167）では、一次的アスペクトを補充するものとして二次的アスペクトが、さらにそれらを細かく言い分けるものとして動詞が動員され、三次的アスペクトが形成されると説明がある。「二次的」、「三次的」という段階は、その文法性に比例しているものと思われる。その差異を明確にするために、両者の相違点の概略をまとめておこう。

補助動詞と複合動詞の後項動詞（*印は成立しないもの）

	補助動詞 （例）やっている	後項動詞 （例）やり始める
① 種　類	「やっている」等　15 語	武部（1953: 473）によれば 1066 語
② 動詞の間の助詞加入	可　やってーはーいる	不可　*やりーはー始める
③ 前の動詞の否定形	可　やらないでーいる	不可　*やらないでー始める *やらずにー始める
④ 前の動詞の語彙的意味保持	そのまま保持される	• そのまま保持される場合 「やり始める」の類 • 変化する場合 「落ち着く」の類
⑤ 転成名詞	不可　*やってい	可　やり始め
⑥ 名詞化: 接尾辞「方」	不可　*やってい方	可　やり始め方
⑦ 共起の順序	後項動詞　＋　補助動詞 やり始めて　　いる	

注）⑥ の名詞化: 接尾辞「方」の後接有無については、影山（1993: 170）を参考にした。

このほかにも、前項、後項それぞれの動詞における受身、使役、敬語化の可能性も比較の観点にはなるが、次の例に見られるように、単純にはいかないので、ここでは省略した。

	補助動詞	後項動詞 ①	後項動詞 ②
受　身	書かれてーいる	書かれー始める	*書かれーこむ
使　役	書かせてーいる	書かせー始める	*書かせーこむ
敬語 ①	書いてーいらっしゃる	書きー始められる *書きーお始めになる	書きーこまれる *書きーおこみになる
敬語 ②	お書きになってーいる	お書きになりー始める	*お書きになりーこむ

このように、補助動詞の類は、数は少ないが、多くの動詞に接続し、生産性が高い。本来の語彙的意味が薄れ、文法形式として確立していることが分かる。否定形、受身形、使役形等への変容可能度は、統語構造における機能度を反映しているものであるから、補助動詞の類のほうが自由度が高いのは、当然であろう。複合動詞のほうが一語としての結合力が強く、

影山 (1993: 78) の言う語彙としての「意味の慣習化」現象さえも見られるのである。寺村の流れを汲むものとして森山 (1988: 50) では、さらに「文法的な形式としていくつかの複合動詞を認め」、アスペクトに加え、ボイスの中に「～あう」を、主体性 (動きの発生に対する主語名詞の関与の性質) の中に「～損なう」を含め、考察の対象としている。寺村 (1984: 167) が「文法形式と語彙との連続する境界域」にあるものと位置づけしたように、複合動詞類の考察には、多面的なアプローチが必要と思われる。

1.3 補助動詞と複合動詞の後項動詞

すでに見たように、補助動詞と複合動詞の後項動詞は、機能や用法の上で相違点が大きいが、それでも、部分的には類似の表現もある。それを比較することによって、その違いがより明確になるものと思われるので、ここで考えてみたい。

アスペクトの面では、[降っている: 降り続く]、[書いてしまう: 書き終わる]、[降ってくる: 降りだす] に共通性がある。寺村 (1984: 177) では、1 番目のペアについて次のような説明がある。

降っている：既にある事態が存在するという認知の仕方の表現
降り続く　：ある事態が継続するという動的事象を表す (傍点原著者)

私見では、「降っている」のほうは、眼前の状況を描写できるが、「降り続く」のほうは、単なる継続を表すにすぎない。したがって、状況描写には、「降り続いている」と補助動詞の助けが必要になる。「さっきまでやんでいたが、今は降っている。また、すぐやむだろう」と短い間の降雨については言えるが、「降り続いている」場合は、かなりの継続性が強調される。「降っている」は、「やんでいる」に対立するが、「降り続いている」は、むしろ「短い間だけ雨がぱらつく」に対立するのではないか。反対に、「熱帯地方では毎年雨期に数か月間、雨が降り続く」というような一般的記述の場合は、「降っている」を使うことができない。

「書いてしまう」と「書き終わる」は、ほぼ同じ事象に関する表現である。しかし、「～てしまう」が「葉が散ってしまった」、「うっかり間違った字を書いてしまった」のように自然現象を含む無意志的現象にも（喪失感という特別なニュアンスと共に）広く使われるのに対して、「～終わる」は、意志的な行為の完了・完成にのみ使われるという限定がある。

「降ってくる」は、「降っている」と同様に、話者の事態存在認知による臨場感がある。「降りだす」も、ほぼ同一の文脈で使われることが多いが、「深夜に降りだした雪は、明け方やんだ」のような客観的記述の場合は、「降ってくる」はそぐわない。上の二つの補助動詞「～ている」、「～てしまう」と違って、開始を表す「～てくる」は、自然現象に限られ、「～だす」よりもずっと使用範囲が狭い。

次のような、同じ動詞が使われる例では、意味が似てくる。

書いておく	去ってゆく	迫ってくる
書き置く	去り行く	迫り来る

「［簡単なメモを／でたらめなことばを］書いておく」のような文では、「書き置く」と言い換えると、不自然になる。名詞の形「書き置き」は、「遺書」や「伝言」のような重要な事柄を確実に伝達すべき場合に使われる。類似の場合は、このように全体的に複合動詞のほうが、文語的で、意味も限定される傾向にある。

1.4　動詞「て」の形の語彙的連合

動詞の「て」の形に続くものとして、上の補助動詞のほかに、「決めてかかる」のように語彙的に限定された特殊なグループがある。

筆者は、姫野（1977: 78）、（1978b: 45）ですでにこの類の一部について述べたが、これは、補助動詞のような文法的機能はなく、あくまでも慣用語的な働きしかない。しかし、「一応選挙に打っては出たが」のように係助詞の介在も可能なので、複合動詞よりは結合度がゆるいと考えられる。中には、かなりの数の語に接続するものもあるので、無視はできない。ちなみに、森山（1988: 45）は、「このような形式は、複合というよりも、連合というべきかもしれない」と述べている。

次に、50音順にリストを挙げておく。☆印は造語力の強いものである。

☆(ついて) あるく	(取って) つけたよう〜
(持って) うまれた〜	☆(買って) でる
(捨　て) おく	(見　て) とる
(切って) おとす	☆(言って) のける
(取って) かえす	(噛んで) ふくめるように
☆(食って) かかる	(持って) まわった〜
(打って) かわって	☆(ついて) まわる
(取って) かわる	(し　て) やったり
(言って) きかせる／きかす	(し　て) やられる
(寄って) たかって	(言って) よこす
(受けて) たつ	

以下、☆印のついている五つの語について簡単に述べておく。

(1)　〜して歩く

[遊んで／担いで／売って／探して／下げて／背負って／尋ねて／ついて／連れて／飛んで／飲んで／触れて／見て／持って／求めて] 歩く等

人が歩く時の状態、目的等を表す。「遊んで歩く≒遊び歩く」のように連用形につく複合動詞とほぼ同じ意味で使われるが、次の複合動詞は、意味が固定化しており、「〜して歩く」の形ではあまり使われない。

渡り歩く (≠渡って歩く)、出歩く、泊まり歩く、流れ歩く、練り歩く

(2)　〜してかかる

[諦めて／疑って／構えて／決めて／食って／定めて／信じて／肝を据えて／捨てて／身命を賭して／なめて／相手を飲んで／無視して]かかる等

この語は、最後の例のようにサ変動詞とも結合するので、生産性が高い。何かことに臨む際に態度を決め、動かないという強さや積極性を表すが、同時に頑迷さにつながる場合もある。「一方的に」、「頭から」、「はなから」、「のっけから」等の修飾語を伴うことが多いのは、そのことを示している。

(3)　〜して出る

[打って／折れて／買って／ジェスチャーを取って／飛んで／捨てて] 出る等

これらの語は、人が他者に対してある態度に「出る」ことを示している。「買って出る」対象は、「協力、宣伝、仕事、音頭とり」等の動作性名詞、「打って出る」場は、「敵陣、政界、業界、選挙」等、活動の場であり、名詞は限られている。

「飛んで出る」は、単なる動きのみを示し、「飛び出る、飛び出す」に意味が近い。なお、宮島 (1972: 603) に僅かではあるが、「買って出る」等に関して言及がある。

(4)　～してのける

[言って／撃って／殺して／して／作って／やって／実現して] のける等

やりにくいことを、他者が意外に思うほど平然と実行してしまうことを表す。サ変動詞とも結合するので、生産性が高い。

(5)　～して回る

[言って／聞いて／調べて／尋ねて／ついて／見て／調査して] 回る等

森山 (1988: 192) によれば、「『あちこちで～する』というような継起的 (かつ繰り返し的) な移動の意味」を表す。それに加え、“何かの目的のため、一定の範囲内を” という条件がつくと思われる。「尋ねて回る≒尋ね回る」のように連用形につく複合動詞と言い換えられる場合と「ついて回る≠つき回る」のように言い換えられない場合がある。複合動詞のほうが意味が固定化している場合が多い。

(例)
- 見回る　：警戒のための巡視
- 見て回る：展示、構内、景色等何でも見る対象となる

- 歩き回る　：どのように歩くか、歩き方に重点あり
- 歩いて回る：どのように回るか、回り方に重点あり

cf. 歩かないで回る → [車に乗って／背負われて] 回る

サ変動詞とも結合するので、生産性が高い。

第2章

複合動詞の結合パターン

2.1　複合動詞の構成要素

多様な結合様式を持つ複合動詞をどのように整理していけばよいのであろうか。石井（1983a: 79）によれば、「数少ない観点の下に数多くの複合動詞を処理することができれば、分析の統一性は高まる」。しかし、文法形式と語彙の両面の要素を持つ複合動詞に関しては、いくつかの観点を重ね合わせて見ざるを得ないと思われる。斎藤・石井（1997: 300–308）の「研究史素描」を参考に、三つの代表的な先行研究を見てみよう。

(1)　寺村秀夫（1969）

複合動詞の分類を考える場合、前掲の「研究史素描」で「一つの出発点」と位置づけられている論文である。動詞の自立語としての意味が保持されているかどうかの観点から、四つに分類されている。

(a)　自立V＋自立V……（例）走り去る、持ちあげる
　　各部分が自立語の意味を保持
　　二つの動作が連結して表現、「～して～する」の意

(b)　自立V＋付属V……（例）走り込む、見上げる
　　第2の要素が自立語の意味を喪失
　　第2の要素が前のVのあり方を限定

(c)　付属V＋自立V……（例）とり押さえる、打ち眺める
　　第1の要素が接頭語化

第2の要素にニュアンスを付加

(d) 付属V+付属V…… (例) とりなす、のり出す

各部分が自立語の意味を喪失

一語として不可分離

この分類法は、大きな示唆を与えるものであるが、個々の複合動詞を詳しく見ていくと、そう単純にはいかないことが分かる。次に、二つの点から問題点に触れておきたい。

① 「自立語の意味保持」という条件について

前掲の「研究史素描」(1977: 301) や山本 (1984: 33) において指摘されているように、「自立V」と「付属V」の決定の基準が明らかではない。(b) の「自立V+付属V」では、第2の付属Vが独立して使われる時の意味を失うと説明されているが、どの動詞の場合でも、結合する前項動詞の意味と微妙に呼応しながら、自立語 (本義あるいは原義) の中の多義性のある部分を残しているのである。

例えば、(b) 類とされる「歩き始める、光り始める」、「歩き続ける、光り続ける」においては、それぞれ「開始」「続行」という本義が生きている。ただ、自然現象の場合は、「~することを [始める/続ける]」と統語構造的に対応しないことが生じるだけで、「独立して使われる時の意味を失う」とは言い切れない。

次に、自立語 (本義) の多義性がどのように複合動詞後項に現れているか、「上げる」を例にとって見よう。

(a) 振り上げる → 振って上へ上げる

(b1) 見上げる → 上へ (視線を) 上げる

撫で上げる → 上へ (撫でる手の方向を) 上げる

(b2) 買い上げる → 上位者が下位者から買う

作り上げる → 作って、完成する (あげる=けりをつける)

しゃくり上げる → 息を上の方へ吸い込みながら、激しくしゃくる

(b1) 類は、(a) のように「~して、~する」とは言い換えられないが、動作の方向が、上方に向かってなされるという点では、共通している。反

対語として下方向への動きを表す「振り下ろす、見下ろす、撫で下ろす」という語があることでも、「方向性」のあることが分かる。(b2) は、具体的な方向性は弱くなるが、「上げる」の本義が濃淡の差こそあれ、残っている。このような相対性の中で、「自立語の意味保持」の程度のみではっきり線引きをするのは無理が生じるのではないだろうか。

②「付属V」の内容について

この分類では、非自立語について、前項の要素も後項の要素も、まとめて「付属V」と称されているが、機能的に同じ扱いにはできない。前項の要素は、活用もなく、固定化した接頭辞と見なされるが、後項要素は、依然として動詞の働きを失っていない。種類も多く、造語力もある。同じ「付属」であっても、結合相手の自立語に対する意味上、文法上の関与度も異なる。

(b) 自立語＋付属V

走り込む 走り出す 走り回る 走り切る 走り抜く	自立語 ：走る	見上げる 見下ろす 見落とす 見込む 見直す	自立語 ：見る

(c) 付属V＋自立語

とり押さえる	：押さえる	打ち眺める	：眺める
とり扱う	：扱う	打ち仰ぐ	：仰ぐ
とり行う	：行う	打ち重なる	：重なる
とり散らかす	：散らかす	打ち勝つ	：勝つ
とりまとめる	：まとめる	打ち興じる	：興じる

(c) の接頭辞の場合は、意味の限定やニュアンスの添加が生じるが、その程度と多様性は、(b) 類の後項動詞類には及ばない。このように、(b) 類の多様性、複雑さこそが複合動詞の特徴の一つであり、重要であるが、この4分類は、その下位分類の分析まで至っていないのが残念である。

(2) 山本清隆 (1983) (1984) (1992)

筆者の言を借りれば、「統語論的分析」により「複合動詞の生成システム」を明らかにするため、「前項動詞と後項動詞の格支配がどのような形で関わり合っているのか」を考察したものである。

Ⅰ類　前項動詞と後項動詞のいずれもが、複合動詞文中の名詞に対する格支配関係を有する

(例)
男が煙草を投げ捨てる　→ { 男が煙草を投げる / 男が煙草を捨てる }

光り輝く、降り積もる、刺し通す、売り歩く、踏み荒らす等

Ⅱ類　前項動詞のみ、複合動詞文中の名詞に対する格支配関係を有する

(例)
男が空を見上げる　→ { 男が空を見る / *男が空を上げる }

沸き立つ、降り出す、食べ過ぎる、読み始める、書き終える等

Ⅲ類　後項動詞のみ、複合動詞文中の名詞に対する格支配関係を有する

(例)
災難が打ち重なる　→ { *災難が打つ / 災難が重なる }

打ち破る、取り澄ます、振り仰ぐ、差し挟む、引き起こす等

Ⅳ類　前項動詞と後項動詞のいずれもが、複合動詞文中の名詞に対する格支配関係を持たない

(例)
男が失敗を繰り返す　→ { *男が失敗を繰る / *男が失敗を返す }

打ち切る、打ち解ける、取り乱す、取り締まる、引き立つ等

この分類は、結果的には著者自身も認めるとおり、先の寺村分類とあまり変わらない。しかし、寺村分類の「付属V」の接辞化現象は、格支配能力の欠落によることが明らかになったという点で優れた指摘である。構成要素である動詞の格支配能力をテスティングとすることで、分類基準が明らかになったという利点がある。しかし、実際には、そのように機械的に当てはめられない事例も出てくる。その点に触れておきたい。

「本を読み始める」は、後項動詞が「本を始める」とは言えないという理由でⅡ類に分類されている。しかし、次の例は、Ⅰ類に入るのではないだ

ろうか。

男が演奏をし始める → { 男が演奏をする / 男が演奏を始める }

男が練習をやり始める → { 男が練習をやる / 男が練習を始める }

動作性の名詞を対象とする場合、「し続ける」、「し終える」のようなアスペクトにかかわる表現にも同様のことが言える。

男が朗詠を吟じ続ける → { 男が朗詠を吟じる / 男が朗詠を続ける }

男が朗詠を吟じ終える → { 男が朗詠を吟じる / 男が朗詠を終える }

動作性でなくても、趣味、技能等習得の対象の名詞の場合も、次のような表現が可能であろう。

娘が茶道を習い始める → { 娘が茶道を習う / 娘が茶道を始める }

娘が茶道を習い続ける → { 娘が茶道を習う / 娘が茶道を続ける }

そのほか、同じ意味であっても、この分類法では別のグループになる例が、少々ではあるが存在する。

- 外部移動を表す「～出る」と「～出す」

Ⅰ類　水が流れ出る → { 水が流れる / 水が出る }　　水が湧き出る → { 水が湧く / 水が出る }

Ⅱ類　水が流れ出す → { 水が流れる / ＊水が出す }　　水が湧き出す → { 水が湧く / ＊水が出す }

- 続行を表す「～続く」と「～続ける」

Ⅰ類　雨が降り続く → { 雨が降る / 雨が続く }

Ⅱ類
　雨が降り続ける　→　{ 雨が降る / ＊雨が続ける }

格支配関係の基準を適用すれば、このように分類されるのは当然であるが、上のような例が見過ごされるおそれがある。

山本(1992)には、「複合動詞辞書」ソフトウェア作成に向けての詳細な動詞の結合情報つき資料が掲載されている。このようなコンピュータを駆使した資料処理は、大きな成果をもたらすものと、今後の研究が期待される。

(3)　影山太郎(1993)(1997)

生成文法の立場から複合動詞の「派生過程の違い」に着目し、大きく2種類に分類している。

A類　語彙的複合動詞

- 具体的に意味から見ると、意味の習慣化と語彙的な結合制限がある。
  (例) 飲み歩く：「歩く」がつくことにより「飲む」対象が液体全般から酒類に限定される。「飲み明かす」「飲み交わす」「飲み倒す」「飲み潰れる」等も同様。
- この類の動詞の組み合わせは、二つの語に限られる。
  (例) ＊飲み＋歩き＋明かす
  「飲み歩く」の後に「明かす、交わす」等の語はつかない。

B類　統語的複合動詞

- 意味的制限がない。補文関係として分析できる。
  (例) 飲み始める：「始める」がついても、「飲む」の意味限定はない。
  「水、牛乳、薬」等、「飲む」対象は制限されない。
  「飲み始める」→飲むことを始める
  「飲み続ける」→飲むことを続ける
  「飲み終わる」、「飲み忘れる」等も同様。
- この類の動詞の組み合わせは、三つの語も可能である。
  (例) 飲み＋始め＋かける
- 接続の順序は、A類＋B類となり、この逆はない。
  (例) 飲み歩き＋続ける　＊飲み続け歩く

この二分法の優れている点は、前項動詞に関し、次のような明確な基準が適用できることである。

① 代用形「そうする」との置換可否

A 類：不可　私が飲み歩く　→ ＊彼もそうし歩く

B 類：可　　私が飲み始める →　彼もそうし始める

A 類は、統語構造では一つの単位だから、前項の動詞の部分だけを「そうする」で置換できない。つまり、語の一部だけが文中の照応関係（代名詞）にかかわることができないのである。これに対して、B 類は、前項、後項の動詞が独立であるから、前項部分の置換が可能である。影山（1993: 80）でも言及されているように、B 類の代用形「そうする」は、意図的な行為を表すから、意味的に置換が排除される場合が出てくる。それならば、「そうなる」との言い換えも認めたらどうであろうか。

（例）息子が父に似始めた。娘もそうなり始めた。

A 機が墜落しかけた。B 機もそうなりかけた。

A 地で地滑りが発生し得る。B 地でもそうなり得る。

B 類の複合動詞では、非意志的行為や自然現象を表す場合も多いから、どちらも置換できるように、代用形を広げたほうがいいように思える。

② サ変動詞の使用可否

A 類：不可　売買し歩く

B 類：可　　売買し始める、チェックし始める

B 類の前項がサ変動詞をとり得るということは、数多くの語と結合し、生産性が高いことを意味する。

③ 主語尊敬語の可能性

A 類：不可　お飲みになり歩く

B 類：可　　お飲みになり始める

④ 受身形の可能性

A 類：不可　書かれ込む

B 類：可　　書かれ始める

影山はここで特に挙げていないが、使役形も、同様に考えることができる。

A 類：不可　書かせ込む

B 類：可　　書かせ始める

⑤　重複構文の可能性

A 類：不可　書きに書き込む

B 類：可　　鍛えに鍛え抜く

③、④、⑤ については、必ずしも全ての動詞について適用できるわけではない (例:「流れる」「倒れる」等の無意志的自動詞の場合は不可)。しかし、① と ② については、どの場合でも適用可能なので、この二つを分類基準とすれば、これら 2 種類の複合動詞を区別するのに有効であろう。

結局、B 類は、寺村の言う「付属動詞」や山本の「II 類: 前項動詞のみ複合動詞文中の名詞に対する格支配関係を有する」類の中の一部、いわゆる接尾辞的機能の強い動詞群の中から、さらに選別されたものであると言えよう。影山 (1993: 96) では、B 類として次の 27 語が挙げられている。

始動	:	～かける、～だす、～始める
継続	:	～まくる、～続ける
完了	:	～終える、～終わる、～尽くす、～きる、～通す、～抜く
未遂	:	～損なう、～損じる、～そびれる、～かねる、～遅れる、～忘れる、～残す、～誤る、～あぐねる
過剰行為	:	～過ぎる
再試行	:	～直す
習慣	:	～つける、～慣れる、～飽きる
相互行為	:	～合う
可能	:	～得る

私見では、上の語に次の 3 語も加え、計 30 語と考えてよいのではないかと思う。

	① 代用形「そう」との置換可	② サ変動詞の使用可
始動：～かかる	彼もそうしかかった	落下しかかった
未遂：～損ねる	彼もそうし損ねた	獲得し損ねた
完了：～果てる	彼もそうなり果てた	退屈し果てた

寺村（1969: 46）では、すでに前項動詞受身形の可能性等からその独立性の度合いについて言及されてはいたが、影山のように明確な分類基準として確立されてはいなかった。

以上見てきたように、この方法は、B 類がはっきり弁別されるという点では優れているが、逆に、一方の A 類の中に種々のタイプが混在してしまうという難点がある。次にその対策を考えてみよう。

2.2　複合動詞分類の試案

上に見た先行研究のような分析方法だけでは、複合動詞の複雑な結合様式を分析し尽くせない感がある。動詞である以上、各要素の意味構成を捨象して論じるわけにはいかない。単独で使われる場合の意味（本義）がどのような形で複合動詞の中に生かされているのか、その面から考察するのは、例えば、外国人学習者の日本語習得の場合には教育的効率にかかわる重要な問題だからである。森田（1978: 77）では、「複合動詞の在り方を意味面から眺め、どのような意味構成のパターンがあるか」論じられている。その論考を参考にしながら、次のような分類法を考えてみた。

①　影山案の A、B 類でまず二分する。

②　複合動詞のそれぞれの動詞の意味構成を、文に言い換えてみる。

　（1）　前項、後項の二つの動詞を使って言い換えられる。すなわち本義がそのまま生きている。

　（2）　後項動詞を他の言い方にしなければならない。

　（3）　前項動詞を他の言い方にしなければならない。

　（4）　二つの動詞とも、他の言い方にしなければならない。

【①+② の分類 I】

影山案の A 類：「語彙的複合動詞」を次のように分類する。

(1)　二つの動詞を使ってそのまま言い換えられる。

(a)　並列関係　：「～して～する」
「～したり～したりする」
「～して、その結果すなわち～する（ことになる）」等

継　起　：流れ着く　→ 流れて（流れてから）着く

手段・原因：縫いつける → 縫って（縫うことにより）つける
焼け死ぬ　→ 焼けて（焼けることにより）死ぬ

付帯状況　：遊び暮らす → 遊んで（遊びながら）暮らす

並　起　：泣き叫ぶ　→ 泣いたり叫んだりする

類　似　：書き記す　→ 書いてその結果、すなわち記す（ことになる）

(b)　比喩的関係：「～するようにして、～する」
書き殴る → まるで殴るように乱暴に書く
盗み見る → 他人の視線を避け、盗むようにこっそり見る

(c)　主述、補足の関係：「することが～する」
「することを～する」

主　述　：あり余る　→ あることが余る
飲み足りる → 飲むことが足りる（＝十分だ）

補　足　：出し惜しむ → 出すことを惜しむ
鳴き交わす → 鳴くことを交わす

(2)　後項動詞を他の言い方にしなければならない。
投げ込む　→ 投げて、中に入れる
投げつける → 投げて、対象物に強く当てる
震え上がる → すっかり震える

(3)　前項動詞を他の言い方にしなければならない。
打ち切る　→ 継続状況を途中で切る（＝終了する）
引き継ぐ　→ あとを続いて継ぐ
さしつける → 押してつける

(4)　二つの動詞とも、他の言い方にしなければならない。
　落ち着く、取りなす、躾(しつ)ける

【①＋② の分類 II】
影山案の B 類：「統語的複合動詞」を次のように分類する。
(1)　二つの動詞がそのまま言い換えられる。
　(a)　なし
　(b)　なし
　(c)　主述、補足の関係：「～すること［が／を／に］～する」
　　主　述：働き過ぎる → 働くことが過ぎる（＝過度だ）
　　補　足：歩き始める → 歩くことを始める
　　　　　　歩き慣れる → 歩くことに慣れる
(2)　後項動詞を他の言い方にしなければならない。
　降り始める → 降ることが始まる
　食べつける → 食べることに慣れ親しむ
　言いかける → 言いそうになる／少し言うが、途中でやめる
　話し合う　 → 互いに話す

語彙的複合動詞の場合は、上のように独立して用いる動詞の形で言い換えたからといって、複合動詞の意味がそのまま本義同士の組み合わせになるわけではない。すでに「飲み歩く」の例で述べたように、意味の変容は必ず生じるのである。そのことを前提にしても、また、言い換えがやや不自然になるにしても、なお、このような形に置換することによって、多様な複合動詞の一つひとつがどこかの項目に分類し得るのではないかと思われる。

複合動詞の様相を複雑にしている原因の一つに、ある種の後項動詞が重層的な意味を含んでおり、いくつもの分類にまたがって出てくることが挙げられる。例えば、「～つける」が上の例で、ほとんどの項にわたって現れることなどは、その典型的な例であろう。この「～つける」の多義性については、武部（1953: 472）に言及がある。このような種類の後項動詞を見分けるには、上のような言い換えによる方法が最良ではないかと思われる。

この分類を表にまとめると、次のようになる。

	A 類　語彙的複合動詞	B 類　統語的複合動詞
(1) 前項、後項二つの動詞による言い換え可能		
(a) 並列関係		
継　起	流れ着く → 流れてから着く	×
手段・原因	焼け死ぬ → 焼けて死ぬ	
付帯状況	遊び暮らす → 遊びながら暮らす	
並　起	泣き叫ぶ → 泣いたり叫んだり	
類　似	書き記す → 書いて即ち記す	
(b) 比喩的関係	書き殴る → 殴るように書く	×
(c) 主述、補足の関係		
主　述	あり余る → あることが余る	働き過ぎる → 働くことが過ぎる
補　足	出し惜しむ → 出すことを惜しむ	歩き始める → 歩くことを始める
(2) 後項動詞言い換え必要	投げ込む → 中に投げる	話し合う→互いに話す
(3) 前項動詞言い換え必要	打ち切る → 途中で切る	×
(4) 前項、後項動詞とも言い換え必要	落ち着く	×

従来、「補助動詞的」あるいは「接尾辞的」と言われてきた後項動詞群は、ここでは次のグループに含まれる。

(ア) A 類　(1) の (c)　「鳴き交わす」「飲み足りる」の類
(イ)　　　(2)　　　「震え上がる」「投げ込む」の類
(ウ) B 類　(1) の (c)　「働き過ぎる」「歩き始める」の類
(エ)　　　(2)　　　「言いかける」「話し合う」の類

(ア) → (エ) の順序で接尾性が強くなり、意味の理解から言えば、(イ) と (エ) が分かりにくいと言えよう。その点で複合動詞の考察には、(エ) の類が最も注意が必要である。

ここまでは後項動詞を中心に考えてきた。この節を終えるにあたり、前項動詞の音便形について少々触れておきたい。これについては斎藤（1992）に詳しい論証があり、参考になる。

従来見過ごされてきた、この音便形と非音便形の意味関係について以下の興味深い指摘がある。

- 前項動詞が音便形になるものに必ずしも（現代語では）非音便形が存在しない場合がある。

（例）　[非音便形]　　[音便形]
　　　＊突き走る　　突っ走る
　　　＊踏みはる　　踏んばる
　　　＊ひきつく　　ひっつく
　　　＊やりつける　やっつける
　　　＊追いでる　　おんでる

- 前項動詞が音便形と非音便形の両方の形を持っていても、意味的関係は同一とは限らず、複雑である。

（例）

〈a〉意味範囲の一致するもの：追いつく＝追っつく
　　　　　　　　　　　　　：追い出す＝追ん出す
〈b〉非音便形が音便形より意味範囲が広い：とりつく＞とっつく
　　　　　　　　　　　　　　　　　　　　踏みつける＞踏んづける
　　　　　　　　　　　　　　　　　　　　掻きだす＞掻いだす
〈c〉音便形が非音便形より意味範囲が広い：具体例なし
〈d〉意味範囲が部分的にのみ重なる：押しつける≒押っつける
　　　　　　　　　　　　　　　　　引きかける≒引っかける
〈e〉意味範囲が全く重ならない：引きつける≠引っつける
　　　　　　　　　　　　　　　掻き込む≠掻い込む

斎藤（1992: 213）には、〈b〉のタイプが最も多く、〈e〉が最も少ないという説明がある。

3章以降は主な複合動詞を個別に見ていくが、後項動詞が中心なので、上記の点については触れていない。

2.3 主な後項動詞の数

複合動詞を構成し得る動詞（前項と後項に立つ類）は、いくつぐらいあるのだろうか。国立国語研究所の『複合動詞資料集』（野村・石井 1987）には、有益な情報がのっている。文学・論説文・雑誌等および現代語の国語辞書類の用例から抽出した約 7,500 語（異なり語数）に関する資料である。

複合動詞を構成する要素は、異なりで 2,166 語であり、「結合位置による構成要素の分析」によると、内訳は次のようになっている。

前項にのみ位置する要素（動詞）：1,333
後項にのみ位置する要素（動詞）：　259
両方に位置する要素（動詞）　　：　574

このうち、上位 100 語で度数（語数）全体の 51%、200 語で 63% をカバーしているということである。たった一度しか使われない語が 1,030 もあるところを見ると、特殊な結合形態を持つ複合動詞が多いことが分かる。

後項動詞の中で、異なり語数の多い順に上位 30 位までの語を挙げると、次のようになる。

[順位]	[語]	[語数]	[順位]	[語]	[語数]
1	～出す	432 ☆	14	～尽くす	76 ☆
1	～得る	432 ☆	15	～付く	75
3	～始める	399 ☆	16	～返す	73
4	～合う	273 ☆	17	～立てる	72
5	～掛ける	236 ☆	17	～直す	72 ☆
6	～込む	231	19	～上がる	71
7	～切る	207 ☆	20	～取る	70
8	～過ぎる	173 ☆	21	～合わせる	69
9	～続ける	169 ☆	22	～去る	68
10	～付ける	143 ☆	23	～終わる	62 ☆
11	～上げる	129	24	～入る	58
12	～兼ねる	110 ☆	25	～立つ	57
13	～掛かる	90 ☆	26	～替える	51

27	～抜く	50 ☆	29	～出る	48
28	～通す	49 ☆	30	～返る	47

注）☆印は、前掲影山案（1993）のＢ類「統語的複合動詞」に属するものである。

この語数は、実際の資料に当たってみると、文学作品のみに現れるような特殊な語もあり、また、サ変動詞との結合も含まれている。前項動詞との結合の可能性が全て網羅されているわけではないので、数量的には確定できないが、全体の傾向は、これでつかめるものと思われる。

上位の語ほど生産性が高い（＝造語力が強い）と言えるのだが、Ｂ類の統語的複合動詞を形成するもの、重層的に複数の意味を含むものが大部分を占めていることが、この資料で見て取れる。

年少者を対象とした教科書の場合はどうだろうか。東京外国語大学の調査（1998）によると、次のような結果が出ている（小学校１～６年の算数と理科の教科書 12 冊対象）。情緒的な物語文をはじめ、さまざまなジャンルの文章がある国語の教科書とは異なり、理数系の教科書では、簡明な客観的叙述のための、必要最小限の基礎的な複合動詞が使われているものと思われる。出現する複合動詞は 52 で、そのうち２語以上の異なりを持つものは、次の 22 語である。

[順位]	[語]	[語数]	[順位]	[語]	[語数]
1	～だす	14 #	7	～すぎる	4 #
2	～はじめる	12 #	13	～あがる	3 #
3	～あげる	10 #	13	～きる	3 #
4	～あう	9 #	13	～たつ	3 #
5	～つける	7 #	16	～かける	2 #
6	～とる	6 #	16	～あらわす	2
7	～こむ	4 #	16	～いれる	2
7	～つづける	4 #	16	～かえす	2
7	～あわせる	4 #	16	～さげる	2
7	～おわる	4 #	16	～ながす	2
7	～かえる	4 #	16	～まぜる	2

注）＃印のつくものは、前掲国立国語研究所の『複合動詞資料』にあるものである。

数は少ないとはいえ、見事に重なりが見られる。残りの23語は、「～下ろす、～重ねる、～砕く、～縮める、～捨てる、～抜く、～外す、～開く、～曲げる（他動詞）／～重なる、～変わる、～残る（自動詞）」等、作業や現象の変化を表す語が多い。

2.4　主な接尾辞的後項動詞の意味と機能

ここでは、2.2の試案のところで述べた、次の類のうち、国立国語研究所の資料を参考に、造語力の強い語を取り上げ、その意味と機能を見てみる。

（イ）A類　(2)「震え上がる」「投げ込む」の類
（ウ）B類　(1)「働き過ぎる」「歩き始める」の類
（エ）　　　(2)「言いかける」「話し合う」の類

武部（1953: 473）では、「補助動詞的要素」として175語（210種）が挙げられ、次の三つに分類されている。

1　強意的意味を添えるもの：縮みあがる、追いまくる、燃えたつ等
2　動作の方向を示すもの　：語り合う、切りかける、積み込む等
3　動作の起り方を示すもの：曇り始める、刷りあがる、書き直す等

この中には、現代ではあまり使われないような古めかしい語（射組む、歩きたがふ）や、「～して～する」と言い換え可能な典型的な語彙的複合動詞（書き加える、降り来る）等も混在している。

筆者は、姫野（1978b: 123）において、外国人の日本語学習者が上級までに習得するのが望ましい語として57語（72種）を挙げたが、現在は、基本的なものはもっと絞って、その半分程度でよいのではないかと考えている。

主な後項動詞の意味分類については、先行研究に次のものがある。

- 山本（1983）　46語（51種）
  1　アスペクト的要素：始発、継続、終了、完遂、習慣
  2　方向性を示す要素：上方、下方、外部、内部、周囲

3　様態を示す要素　：程度、態度、複数主体
4　錯誤を示す要素　：失敗、修正、躊躇、残存

- 寺村 (1984)　32語 (37種)
  1　時間的相：開始、継続、終了
  2　空間的相：上と下への動きの方向、内と外・周囲への方向、ある目標に向かっての動き
  3　密度、強度の相 (心理的相)：程度、密度、強さ、完成など

- 城田 (1998)　71語 (72種)
  1　動作相　(1)　段階相：始まりの段階相：開始相、不完全起動相
  終わりの段階相：終結相、停止相、完成相
  継続相
  (2)　状態相：習慣相
  旺盛・強化相
  再行・修正相
  添加相
  充足・倦厭相
  不首尾相
  渋滞・躁急相
  (3)　過剰相
  2　可能態　～得る ～兼ねる
  3　願望態　～たがる
  4　相互態　～合う

- 影山 (1993)　統語的複合動詞27語
  これについては、すでに2.1で述べた。

次に、先行研究で取り上げられた主な接尾辞的後項動詞を集め、それらがどのように分類、命名されているのかを調べ、それぞれがどのくらいの数の複合動詞を構成しているのか、前掲の国立国語研究所の『複合動詞資料集』(1987) によって数量的な面からも見てみる (30～31頁の表を参照)。

主な後項動詞の意味　先行研究の比較

語	山本 (1983)	寺村 (1984)	城田 (1998)	影山 (1993)	国研 (1987)
合う	様態　:複数主体	空間的相:目標への動き	相互態	相互行為	273
上がる	アスペクト:終了		段階相:終わり　完成		71
	方向　:上方	空間的相:上への動き			
	様態　:程度				
上げる	アスペクト:終了		段階相:終わり　完成		129
	方向　:上方	空間的相:上への動き			
		密度、強度の相:完成			
飽きる			状態相:充足・倦厭	習慣	9
あぐねる			状態相:渋滞・躁急	未遂	5
焦る			状態相:渋滞・躁急		1
誤る	錯誤:失敗		状態相:不首尾	未遂	1
改める			状態相:再行・修正		5
歩く			状態相:旺盛・強化		33
急ぐ			状態相:渋滞・躁急		5
入る	方向:内部				58
得る			可能態	可能	432
終える	アスペクト:終了	時間的相:終了	段階相:終わり　終結	完了	18
終わる	アスペクト:終了	時間的相:終了	段階相:終わり　終結	完了	62
遅れる			状態相:不首尾	未遂	12
惜しむ			状態相:渋滞・躁急		3
落ちる		空間的相:下への動き			27
落とす	錯誤:残存		状態相:不首尾		46
下ろす	方向:下方	空間的相:下への動き			23
返す		空間的相:目標への動き	状態相:再行・修正		73
返る	様態:程度		状態相:旺盛・強化		47
かかる	アスペクト:始発	時間的相:開始	段階相:始まり　不完全起動		90
		空間的相:目標への動き			
かける	アスペクト:始発	時間的相:　開始	段階相:始まり　不完全起動	始動	236
		空間的相:　目標への動き			
かねる	錯誤:躊躇		可能態	未遂	110
交わす	様態:複数主体				14
興じる			状態相:旺盛・強化		2
切る	アスペクト:完遂	密度、強度の相:程度	段階相:終わり　完成	完了	207
くだす		空間的相:下への動き			8
くたびれる			段階相:充足・倦厭		4
加える			状態相:添加		4
こくる			状態相:旺盛・強化		4
込む	方向:内部	空間的相:内への方向			231
	様態:程度	密度、強度の相:程度	状態相:旺盛・強化		
込める		空間的相:内への方向			24
下がる		空間的相:下への動き			12
下げる	方向:下方	空間的相:下への動き			15
締める			状態相:旺盛・強化		11
渋る			状態相:渋滞・躁急		5
過ぎる	様態:程度		過剰相	過剰行為	173
据える			状態相:旺盛・強化		5
捨てる	様態:態度				38
添える			状態相:添加		8
損なう			状態相:不首尾	未遂	21
損じる	様態:　失敗		状態相:不首尾	未遂	7

そびれる			状態相：不首尾	未遂	5
そめる			段階相：始まり　開始		16
足す			状態相：添加		8
出す	アスペクト：始発	時間的相：開始	段階相：始まり　開始	始動	432
	方向：外部	空間的相：外への動き			
立つ	様態：程度		状態相：旺盛・強化		57
立てる			状態相：旺盛・強化		72
足りる			状態相：充足・倦厭		13
違える	錯誤：失敗		状態相：不首尾		15
散らす	様態：態度		状態相：旺盛・強化		29
疲れる			状態相：充足・倦厭		16
尽くす		密度、強度の相：程度	段階相：終わり　完成	完了	76
つく			段階相：始まり　開始		75
		空間的相：目標への動き			
つける	アスペクト：習慣		状態相：習慣	習慣	143
		空間的相：目標への動き	状態相：旺盛・強化		
続く	アスペクト：継続	時間的相：継続	段階相：継続		10
続ける	アスペクト：継続	時間的相：継続	段階相：継続	継続	169
つぶす	様態：程度				21
詰める		密度、強度の相：程度	状態相：旺盛・強化		28
出る	方向：外部				48
通す	アスペクト：完遂	密度、強度の相：程度	段階相：終わり　完成	完了	49
通る		密度、強度の相：強さ			12
直す	錯誤：修正		状態相：再行・修正	再試行	72
直る	錯誤：修正				6
流す	様態：態度				10
慣らわす			状態相：習慣		2
慣れる			状態相：習慣	習慣	29
悩む			状態相：渋滞・躁急		6
抜く	アスペクト：完遂	密度、強度の相：程度	段階相：終わり　完成	完了	50
残す	錯誤：残存		状態相：不首尾	未遂	26
残る	錯誤：残存				16
はぐれる			状態相：不首尾		4
始まる			段階相：始まり　開始		0
始める	アスペクト：始発	時間的相：開始	段階相：始まり　開始	始動	399
果たす			状態相：終わり　完成		3
果てる	様態：程度		状態相：旺盛・強化		43
古す	様態：程度				7
まくる	様態：程度		状態相：旺盛・強化	継続	15
間違う	錯誤：失敗		状態相：不首尾		3
間違える	錯誤：失敗		状態相：不首尾		1
回す	方向：周囲	空間的相：周囲への方向	状態相：旺盛・強化		43
回る	方向：周囲	空間的相：周囲への方向	状態相：旺盛・強化		45
漏らす	錯誤：残存		状態相：不首尾		4
やむ	アスペクト：終了	時間的相：終了	段階相：終わり　停止		9
やめる			段階相：終わり　停止		2
忘れる			状態相：不首尾	未遂	12
渡す		空間的相：周囲への方向			14
渡る		空間的相：周囲への方向			39
計89語	46語（51種）	32語（37種）	71語（72種）	27語	4716

注）城田には、ほかに「さす（停止）」、「さかる、しきる、つのる、払う（旺盛・強化）」、「増す（添加）」、「たがう、のがす（不首尾）」、「迷う、まどう（渋滞）」、「おおせる、のける（完成）」が挙げられているが、造語力が弱いので、上の表には含めなかった。

統語的複合動詞を形成する後項動詞は、資料に現れた数が少なくても、サ変動詞とも結合し、潜在的に造語力があると見なされるので、全て取り上げた。

第 3 章からは主な後項動詞のうち造語力の強いもの十数語を取り上げ、個別に見ていくが、そこで扱わないもの数語について最後に触れておく。前掲の表にある国立国語研究所の調査の中で、造語力の強い次の語である。

(1) アスペクトを表す「～始める」、「～続ける」、「～終わる／終える」
(2) 可能／不可能を表す「～得る」、「～かねる」
(3) 過剰を表す「～すぎる」

以上の語については、すでに姫野 (1982b: 371–374) で簡単ではあるが触れたので、概略を述べるにとどめたい。

(1) アスペクトを表す「～始める」、「～続ける」、「～終わる／終える」

これらの語は、頻度が高く、重要であるが、辞書には通常、複合動詞の形で見出し語として立てられていない。それは、前項動詞に意味の変容を及ぼさない、理解しやすい語だからである。どのような語と結合するかという複合動詞のリストの必要性も低い。「開始・続行・終了」という時間の流れに無関係な語 (例えば、「ある」や「そびえる」等) を除けば、ほとんどの語と結合する可能性がある。ただし、「～終わる／終える」は、1.3 で述べたように、意志的行為の終了のみを表すという条件がある。

「～続ける」は、「である」にも結合するという特別な性質がある。「このような状況では誠実であり続けるのは困難である」のように、人が意志的にとる態度や状態を表す場合に限られる。「波が静かである」、「重病である」のような自然現象や生理現象を表現する場合には、「～であり続ける」という形は使えない。

(2–1) 可能を表す「～得る」

「～得る」は、書きことば的である。城田 (1998: 150, 151) では、文体上の制限として「シエルよりナシエルが好まれる」、より文語的な「ウルが連体形でよく用いられる」との指摘がある。

これらの語も、可能性を表すほとんどの語に結合するので、(1) の「～始める」等と同様に、辞書では複合動詞が見出し語として立てられていない。

可能態を表す文法形式にいわゆる可能形の動詞があるが、それとの違いは次のように考えられる。

- 可能形の動詞は、人の意志的行為を表す語に限られるが、「～得る」はそうではない。

  ＊肥料をやれば、花が咲ける。
  　肥料をやれば、花が咲き得る。

- 許可・禁止の意味では「～得る」は用いられない。

  　この公園の中では自転車に乗れないが、外側の道では乗れる。
  ＊この公園の中では自転車に乗り得ないが、外側の道では乗り得る。

- 形態上、「いる」、「得る」には「～得る」は用いられない。

  　この土地に長くいられる。
  ＊この土地に長くい得る。

  　がんばれば、いい結果が得られる。
  ＊がんばれば、いい結果が得得る。

- 「～得る」は、複合語なので、複合形式である補助動詞には用いられにくい。

  　長い間立っていられる。
  ＊長い間立ってい得る。（上記の「いる」との非結合性も関係あり）

  　１時間あれば、この仕事を片づけてしまえる。
  ？１時間あれば、この仕事を片づけてしまい得る。

  　ここに荷物を預けておける。
  ？ここに荷物を預けておき得る。

- 「～得る」は、「～はあり得ない」、「～せざるを得ない」、「～を禁じ得ない」等の慣用的表現がある。

(2–2) 不可能を表す「〜かねる」

- 「〜かねる」は、人の意志的行為を表す語にのみ結合し、第三者の状況については、「〜ている」と、状態の形でしか述べられない。

  　私は、現状では任地へ行きかねます。
  ＊彼は、現状では任地へ行きかねます。
  　彼は、現状では任地へ行きかねています。
  　彼は、現状では任地へ行けません。

- 「〜かねる」は、いわゆる可能形の動詞（「受けられる」等）と違って、話し手の主観を直接的に表現するものである。

- 「〜かねる」は、外部の不可抗力な事情により不可能であるという心理的状態を表し、弁解的に言い立てる場合に使われることが多い。単なる不可能な状態を表現する可能形の動詞より用法が限られる。

  　生まれたばかりの赤ん坊は歩けない。（一般論）
  ＊生まれたばかりの赤ん坊は歩きかねる。

  　私は怪我をしたので、歩けない。（個別の能力）
  ＊私は怪我をしたので、歩きかねる。

  　ホテルの廊下は、スリッパで歩けない。（規則）
  ＊ホテルの廊下は、スリッパで歩きかねる。

- 「〜かねる」は、可能を表す「できる」につく。

  ＊私はそんなことはできることができない。
  　私はそんなことはできかねる。

(3) 過剰を表す「〜すぎる」

他の後項動詞と違って、形容詞、形容動詞、副詞、「である」等と結合する。これは、大きな特徴である。

大きすぎる
なさすぎる（否定形には「さ」が介入する）
静かすぎる
ゆっくりすぎる（「〜だ」の形を持ち得る副詞の類）

怠慢でありすぎる

城田 (1998: 149, 150) では、「～すぎる」は、量的な過剰をいうのではなく、「標準を越えて過度に陥っていることを表す」。その例として「アカラサマニ言いすぎる」の例が挙げてある。城田の挙げた例のほかにも「彼に意見をしたが、先日の手紙ではちょっと書きすぎた」、「考えすぎると、かえって焦点が分からなくなる」のような例が考えられる。「過剰」の意味も、文脈によってさまざまな意味合いを持つということであろう。

第 3 章

「〜あがる」、「〜あげる」および 下降を表す複合動詞類

3.1 上昇と下降に関する複合動詞類

「〜あがる」、「〜あげる」および「〜おりる」、「〜おろす」等、上昇や下降を表す複合動詞類は、すべて語彙的複合動詞であり、「上方あるいは下方への移動」という点で特に方向性がはっきりしているものである。

「〜あがる」と「〜あげる」は、後項動詞として結合する動詞が多く、その意味・用法も広い。単なる上昇の「浮きあがる」、「打ちあげる」の類から、完成の「できあがる」や「作りあげる」、強調の「震えあがる」や「縛りあげる」の類まで幅広く用いられる。同じ「上昇」の意を持つ「のぼる」が後項動詞としては造語力も弱く、意味・用法も限られているのと対照的である。

「下降」を表す後項動詞は、種類が多い代わりに、どれも、結合する動詞が限られており、きわめて造語力が弱い。少数の例を除いては、自立語の本義がそのまま残っていて、意味の転用や発展に乏しい。後項動詞としての機能性が「〜あがる」と「〜あげる」に比べて劣っていると言えよう。

3.2 「〜あがる」の複合動詞

「あがる」の基本的な意味は、下方から上方への移動である。漢字をあてると、「上がる」、「挙がる」、「揚がる」、「騰がる」等となる。後項動詞として働く時は、前項動詞の意味特徴によって意味・用法が分化していく。宮島 (1972: 521, 550) にあるように「上の方向へ」および「移動」という要

素が抽象化し、派生化していくのである。まず「あがる」が後項動詞として持っている役割を考え、分類してみる。

「～あがる」の複合動詞	自動詞か他動詞か	意味特徴
【1】 場所［から］ 場所 ［へ／に／まで／に向かって／をめざして／をめがけて］ ～あがる 経過の場所 ［を］ ～あがる ふもとから頂上 へ 駆けあがる 地面　から空 に向かって 伸びあがる 空中 を 飛びあがる	自＋あがる＝自 他＋あがる＝自	上　昇
【2】産物 ［が］ ～あがる 料理 が できあがる	自＋あがる＝自 他＋あがる＝自	完　了 完　成
【3】人 ［が］ ～あがる 観客 が 震えあがる	自＋あがる＝自	強　調
【4】人 ［が］ ～あがる 相手 が つけあがる	他＋あがる＝自	増　長
【5】目上の方 ［が］ 飲食物［を］召しあがる	他＋あがる＝他	尊敬語

次に各項目に属する動詞について考える。

【1】　上　昇

ここに属する動詞の上昇の様相は、「全体的な上昇」と「部分的な上昇」に分けられる。さらにそれぞれを意味の上から三つに分けて考えることができる。

(1–1) 全体的上昇（全体的な位置変化）

(a) 空間的上昇

浮かびあがる、浮きあがる、ふきあがる、沸きあがる、駆けあがる、はいあがる、飛びあがる、ずりあがる、跳ねあがる、舞いあがる、躍りあがる、迫りあがる、つりあがる、つるしあがる、突きあがる、持ちあがる、(砂が) 巻きあがる、打ちあがる、押しあがる、漕ぎあがる

(b) 序列の上昇

繰りあがる

(c) 地位の上昇

のしあがる、なりあがる、勝ちあがる

このグループに共通していることは、動作・作用の主体が下方から上方へ (あるいは内部から表面へ) 移動し、その結果、主体の位置が全体的に変化し、表面に出た場合は、人の目に触れやすくなることである。ほとんどの複合動詞が「〜して、あがる」あるいは「〜しながら、あがる」と言い換えられ、前項動詞が上昇の方法や様相を示していることが分かる。次に (a), (b), (c) についてそれぞれ考えてみる。

(a) 空間的上昇

「少年の体はぽっかりと水面にうき上がった」(教科書)[2]

「生物が生まれて陸へ這上るまで二十億年以上かかっている」(新聞)

このグループの前項動詞は、移動動詞や指向性の強い動詞が多い。

佐治 (1992: 217, 218) に、外国人学習者の興味深い誤用例が紹介されている。

① *「バスがとまると、みなわれさきに乗りあがろうとしていた」

「[馬／自転車／台の上] にのる」の用法に見られるように「のる」には、すでに「地面から離れ、上方へ移動する」の意味が含まれているので、「あがる」をつける必要がない。移動先が閉じられた空間であることを示す場合

---

[2] 第３章から 11 章までの用例出典は次のとおりである。
「教科書」: 教育出版『小学国語』1〜6 年 (1973 年)
「新聞」　:『朝日新聞』『読売新聞』(1975〜1998 年)
「雑誌」　:『PHP』(1975〜1998 年)
以上のほかに文学作品、放送番組等からも用例を採取した。

は、「乗りこむ」という複合動詞が使われる。

② ＊「乗客はずいぶん興奮して…叫んだり、はては飛んであがったりしており…」

この例の「飛んであがる」を使うと、かなり高いところをめざして移動する意になる。その場合、羽のない人間が空中を飛ぶのは不可能である。地面からジャンプする範囲の「上方移動」なら、「跳び上がる」という語を使わなければならない。

(b) 序列の上昇

「新作の撮影が迫って帰国が繰り上がった…」(新聞)

用例はとれなかったが、「行事が水曜日に繰り上がる」、「端数が一桁繰り上がる」のように順列や数を示す語と共に用いられることが多い。この場合の「あがる」は、何らかの序列のステップを上昇していくことを表している。

(c) 地位の上昇

「無一文の女が、自分の美しさと如才をフルに利用して、(家元に) のしあがろうとする欲望のすさまじさが主題だ」(新聞)

「国民からの圧倒的な人気は、貧しい環境から勝ち上がった成功者だからにほかならない」(新聞)

これは、空間的な上昇が社会的な地位の上昇へと転用された例である。「なりあがる」は、ふつう、名詞として「なりあがり者」または修飾形の「なりあがった者」の形で使われ、用法が限られている。

(1–2) 部分的上昇 (部分的位置変化による形態的変化)

(a) 形の伸長

① 起きあがる、立ちあがる、(地面が) 持ちあがる、伸びあがる、燃えあがる

② 盛りあがる、腫れあがる、ふくれあがる、ねじれあがる、たてあがる、積みあがる

(b) 形の縮小

① 巻きあがる

② 折れあがる、縮みあがる、縮れあがる、締めあがる、まくれあがる、めくれあがる

(c) 量の減少による形の縮小

① はげあがる、抜けあがる

② 切れあがる

このグループの動詞に共通しているのは、主体の一部が上昇し、その結果、全体として見ると、形態的変化を起こしていることである。変化の様相から言うと、① が「起きあがる」のような鉛直方向への変化を起こすもの、② が鉛直方向のみとは限らず、あるものの中心から外部へ、あるいは周辺部から中心部へ向かって起こるものである。

(a) 形の伸長

「パンの本場の欧米では食パンといえば、ふっくらもりあがった山型パンが主流」（新聞）

このグループの語は、主体の頂点の位置は上昇するが (図１参照)、基底部の位置は変わらないので、結果として上に伸びた形となる。前項動詞の「立つ、起きる、伸びる、盛る、腫れる、ふくれる」等自体に、すでにその意味があり、「あがる」は、それに強調の意味を添えている。

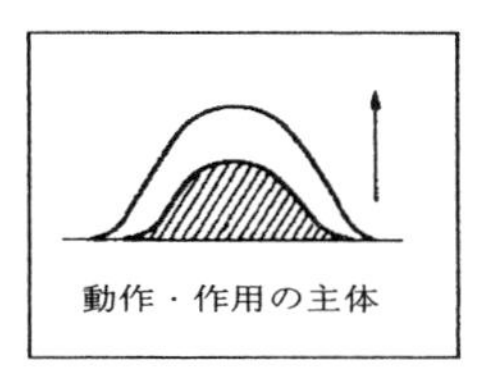

図１ (a) 例 盛りあがる

(b) 形の縮小

「寒さでレールがちぢみ上がる――成田線運休」（新聞）

このグループの語は、「巻きあがる」のように主体の基底部が上方に移動するもの（図２参照)、あるいは「縮みあがる」のように主体の周辺部が中心に向かって移動するものを含む。そのような位置変化の結果、人の目に触れる部分が縮小するものである。 前項動詞は、「まくれ

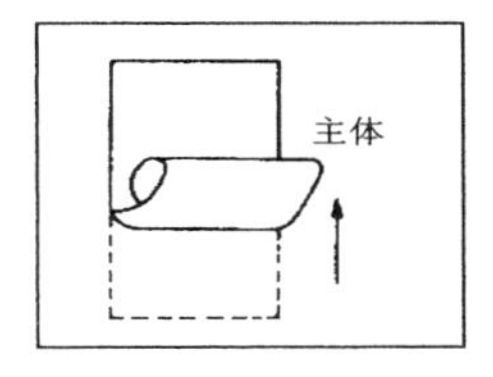

図２ (b) 例 巻きあがる

る、折れる、縮れる、縮む」等、形態的変化を表す語である。

(c) 量の減少による形の縮小

「周辺の山は相次ぐ山火事で、ハゲあがっている」(新聞)

このグループの語は、「はげる、抜ける」のように主体あるいはその構成要素の数量的減少に伴って残余部分と空白の消失部分との間を区切る境界線が上昇し、結果的に形が縮小していくものである。平面的に見ると、まるで空白部が実体を侵食していくような感じを与える(図3参照)。

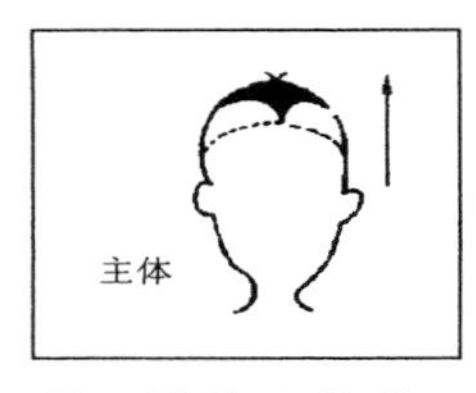

図3 (c) 例 はげあがる

なお、「切れあがる」は、「小股の切れあがった女」のように慣用的に用いることが多い。

【2】 完了・完成

この類は、「人間の作業活動の完了」と「自然現象の完了」に分けられる。

(2–1) 作業活動の完了

焼きあがる、炒りあがる、炊きあがる、うであがる、ゆであがる、煮あがる、煮えあがる、蒸しあがる、こねあがる、組みあがる、すりあがる、染めあがる、塗りあがる、彫りあがる、磨きあがる、干しあがる、編みあがる、縫いあがる、織りあがる、折りあがる、結いあがる、結わえあがる、結びあがる、仕あがる、できあがる、蒸れあがる、(蕎麦が) 打ちあがる、練りあがる、仕立てあがる

「あくる朝にはいつも美しい布がおりあがっているのです」(教科書)

「梅は三日ほどで干しあがります」(NHK のニュース番組)

これらの語は、人が仕事や作業をすっかり終了し、その結果、目の前に期待どおりのものが完成していることを示している。「布を織っている」は、進行中の動作を表すが、「布が織りあがっている」は、完成後の結果の状態を表している。

この「あがる」が結合する動詞には、ほぼ共通点が見られる。

- 人が技術や労力を使って作業する動作動詞であること。
- 格助詞「を」がとる目的の名詞は２～３の対象が考えられること。

すなわち、宮島(1972: 612)で言われている「材料と生産物」または「素材と作品」の関係にある名詞の類である。しかし、複合動詞の形になると、結果を示す「生産物」や「作品」の名詞しかとらない。

{ 米を炊く
  ご飯を炊く → ご飯が炊きあがる

{ 紙を折る
  ツルを折る → ツルが折りあがる

{ 毛糸を編む
  セーターを編む → セーターが編みあがる
  花模様を編む　→ 花模様が編みあがる

{ 木を彫る
  熊を彫る　→熊が彫りあがる
  A 氏のデザインを彫る → A 氏のデザインが彫りあがる

格支配の面から見ると、前項動詞は、ほとんど他動詞であるが、複合動詞全体は、自動詞に転じ、格助詞「が」をとるようになるのが特徴である。

(2–2) 自然現象の完了

晴れあがる、干あがる、涸れあがる、澄みあがる

「この水をひあがった川におとしてください」（教科書）

これらの語は、自然現象に関するもので、前項動詞の状態がすっかり現れるという意味を示している。主体としては、現象とそれが顕現する場の二つが考えられる。

{ 雨が晴れあがる　{ 水が涸れあがる　{ 水が干あがる　{ 水が澄みあがる
  空が晴れあがる　 池が涸れあがる　 川が干あがる　 池が澄みあがる

【3】 強　調

震えあがる、おびえあがる、すくみあがる、むくれあがる、のぼせあがる

「雪の降り積もった東北本線を暖房装置が故障した“冷房特急”が上野から青森まで走り二百人を超える乗客が寒さにふるえあがった」（新聞）

これらの語は、人間の生理作用や心理状態に関するもので、「あがる」は、すっかりそうなってしまうことを表しているが、どれも好ましい状態ではない。「のぼせあがる」には、頭に血がのぼるという「上昇」の連想も伴うが、一応このグループに含めておいた。

【4】 増　長

思いあがる、つけあがる

「人間が悪いのは言うまでもないが、飼われる身でありながら図々しくも増上し、つけあがる連中はもっと悪い」（井上ひさし『ドン松五郎の生活』）

この2語は、一体化していて分析が困難だが、しいて言えば、「あがる」は、程度を超えて“あがる”厚かましさを表していることになろうか。前の【3】のグループと同様、好ましくない状態を示していると言えよう。

【5】 尊敬語（目上の方が飲食物を）召し上がる

「食べる、飲む、煙草を吸う」の尊敬語である「あがる」に同じく敬意を表す「召す」が結合したもので、上に挙げた【1】から【4】までの「あがる」のグループとは質的に異なるものであり、この語は、1語しかない。

3.3 「〜あげる」の複合動詞

「あげる」の基本的な意味は、対象とするものを下方から上方へ移動させることである。漢字をあてると、「上げる」、「挙げる」、「揚げる」、「騰げる」等となる。

次に「あげる」が後項動詞として持っている役割を考え、分類してみる。

「～あげる」の複合動詞	自動詞か他動詞か	意味特徴
【1】 **場所［から］場所［へ／に／まで／に向かって／をめざして／をめがけて］対象を～あげる** 地上　から　月　に向かって　ロケットを打ちあげる １階　から２階　まで　荷物を運びあげる	自＋あげる＝他 他＋あげる＝他	**上　昇**
【2】 **人［から］人［へ／に／に向かって／に対して］対象を～あげる** 社長　に　用件を申しあげる 農民から　米を買い上げる	他＋あげる＝他	**上位者または下位者に対する社会的行為**
【3】人［が］　～あげる 子供が　しゃくりあげる	自＋あげる＝自 他＋あげる＝他	**体内の上昇**
【4】産物　［を］　～あげる パン　を　焼きあげる	他＋あげる＝他	**完　了** **完　成**
【5】対象　［を］　～あげる 賊　を　縛りあげる	他＋あげる＝他	**強　調**
【6】対象　［を］　～あげる 本　を　読みあげる 軍隊　を　引きあげる 人生　を　歌いあげる	他＋あげる＝他	**その他**

次に、各項目に属する動詞について考える。

【1】 上　昇

ここに属する動詞の上昇の様相は、「～あがる」と同様に「全体的な上昇」と「部分的な上昇」に分けられる。さらにそれぞれは意味の上から二つないし三つに分けて考えることができる。

(1–1) 全体的上昇 (全体的な位置変化)

(a) 空間的上昇

① 対象の上昇

ふきあげる、打ちあげる、ぶちあげる、投げあげる、ほうりあげる、振りあげる、けりあげる、払いあげる、跳ねあげる、突きあげる、押しあげる、ずりあげる、せりあげる、さしあげる、つるしあげる、揺りあげる、揺すりあげる、つまみあげる、つかみあげる、持ちあげる、はさみあげる、取りあげる、掬いあげる、汲みあげる、さらいあげる、掻きあげる、吸いあげる、抱(だ)きあげる、抱(かか)えあげる、いだきあげる、拾いあげる、引きあげる、引っ張りあげる、引きずりあげる、たぐりあげる、(砂を) 巻きあげる、つりあげる、掘りあげる、塞きあげる、助けあげる、救いあげる、まつりあげる

② 主体と対象の同時的上昇

運びあげる、担ぎあげる、追いあげる

③ 主体の動作のみ上方指向

なであげる、さすりあげる、こすりあげる、もみあげる、見あげる、にらみあげる

(b) 序列の上昇

繰りあげる、切りあげる、競りあげる

このグループに共通していることは、対象 (あるいは「なであげる」のように主体の一部) が下方から上方へ移動し、その結果、位置が全体的に変化することである。自立語としての基本的意味が生きているので、ほとんどが「～して、あげる」、「～しながら、あげる」と言い換えられる。前項動詞が上昇の方法や様相を示しており、「あげる」に対して修飾的な役割を果たしている。次に (a), (b) についてそれぞれ考えてみる。

(a)「家来たちはすぐに川から母ざるを引き上げてやりました」
(教科書)

「私の胸から脇腹をすぎて腹までゆっくりとなであげ、なでおろしはじめる」 (開高健『輝ける闇』)

このグループの語を、主体と対象の位置関係から見て、上のように三つに分けてみたが、これは、前項動詞の特徴によるものである。

② の「追いあげる」には、「競争相手を追いあげる」のような用法もあるが、このような例では、「上の方向へ」が「ゴール（最終目標）へ」という水平方向に転用されたものであろう。

(b)「田中首相の指示で完成時期を五十年度に繰り上げ、建設を急ぎはじめた」（新聞）

「小数点第一位を切りあげる」、「順位を繰りあげる」のように、数量に関係のある語と共に用いられることが多い。この場合の「あげる」は、数量や序列の上昇を表すものと考えられる。

(1–2) 部分的上昇（部分的位置変化による形態的変化）

(a) 形の伸長

① 重ねあげる、積みあげる、盛りあげる、ねじりあげる、ねじあげる、(頭を) 持ちあげる

(b) 形の縮小

① 巻きあげる

② 折りあげる、くくりあげる、たくしあげる、まくりあげる、まくしあげる、めくりあげる、たくりあげる

(c) 量の減少による形の縮小

① 刈りあげる、剃りあげる

② 切れあげる

このグループの動詞に共通しているのは、対象物の一部が上昇し、その結果、全体として見ると、形態的変化を起こしていることである。前に述べた自動詞の「腫れあがる」や「はげあがる」と同様に、形態変化の様相は、前項動詞の意味特徴によって異なる。位置変化から言うと、① が鉛直方向への変化を起こすもので、② が鉛直方向のみとは限らず、あるものの中心から外部へ、あるいは周辺部から中心部へ向かっても起こるものである。

(a)「(石油を) ドラムカンに入れてたてにつみあげると、富士山の高

さの三百倍近くなる…」（教科書）

このグループの語は、「重ねる、積む、盛る」等、物の設置方法に関係のある語が多い。「乗りあげる」は、やや特殊で、「[船が（船体を）暗礁に／車が（車輪を）歩道に] 乗りあげる」のように用いられる無意志的な語である。乗り物が障害物の上まで動いて行ってしまい、結果的に位置が高くなるのである。

(b)「白いセーターの袖を肘のところまでまくりあげて、彼女は静かに雑巾を洗いはじめた」（新聞）

このグループの語は、「袖をまくりあげる」のように対象の周辺部を中心に向かって移動させるものや「幕を巻きあげる」のように対象の基底部を上昇させるものである。その結果、人の目に触れる部分が縮小することになるのである。

(c)「髪を短く刈り上げる」（小学館『現代国語例解辞典』第１版）

対象あるいはその構成要素の量的減少により（例えば、「毛を [剃る／切る]」等）残りの部分との境界線が上昇し、形が縮小するものである。

【2】 上位者または下位者に対する社会的行為

行為者が相手との力関係において上位者（強者）であるか否かによって、二つのグループに分けられる。

(2–1) 下位者から上位者に対する行為

申しあげる、願いあげる、さしあげる ／ 存じあげる

(2–2) 上位者から下位者に対する行為

買いあげる、借りあげる、召しあげる、巻きあげる、取りあげる

これらの語における「あげる」は、「上方への移動」という要素が対人関係（力関係）の方向性に転用されたものと考えられる。

(2–1) の語は、話者が自らを低め、相手に対する行為を行うというもの

である。「私［が／から］申しあげる」のように「出どころ化」して助詞「から」をとることがある。

(2–2) の語は、反対に、力を持つ側が主体者となり、弱者の所属物を移動せしめる行為を「あげる」で示している。

「手練手管で次々と女をだまし金を巻き上げては消してゆく」（新聞）

そのほか、「兄が弟から本を取りあげる」、「政府が地主から田畑を借りあげる」のような例においても、対象物の移動の方向先は、主体者自身になるので、方向先を表す助詞「に／へ」は、吸収されて消える。代わりに物や事がらの出どころが「から」で明示される。

【3】　体内の上昇

むせびあげる、しゃくりあげる、せぐりあげる、すすりあげる、咳きあげる、こみあげる、(感情が) 突きあげる

「(秀吉たちが) さぞかし閉口しているだろうと思うと、三成は腹から笑いがこみあげてきた」（舟橋聖一『太閤秀吉』）

自立語の「あげる」には、胃の中のものを吐くという意味もあって、「上昇」の連想を伴うのであるが、ここに挙げた複合動詞類も、体内を「鼻水、咳、感情」等が上昇するというイメージを伴う。人の生理作用や心理現象を表すものであって、この場合の「〜あげる」は、無意志動詞になる。

佐治 (1992: 208) に外国人学習者の誤用例が紹介されている。

*「この記事を読んで、胸をうたれ、思わずあたたかい激流みたいなものがこみあがってきた」

自動詞の複合動詞だからと、「〜あがる」を用いる学習者の考えはもっともである。このあたりの、理屈どおりいかないのが複合動詞の難しいところであろう。

【4】　完了・完成

この類は、人間の作業活動の終了に伴う「出来上がり品」が予想される

か、あるいは動作の完了そのものに重点が置かれるかによって二つに分けられる。

(4–1) 完成品を伴う作業活動の完了

焼きあげる、炒りあげる、炊きあげる、うであげる、ゆであげる、煮あげる、蒸しあげる、炒めあげる、(蕎麦を)打ちあげる、こねあげる、練りあげる、固めあげる、組みあげる、すりあげる、染めあげる、塗りあげる、彫りあげる、張りあげる、編みあげる、縫いあげる、織りあげる、縒りあげる、折りあげる、結いあげる、結わえあげる、結びあげる、剃りあげる、刻みあげる、洗いあげる、干しあげる、磨きあげる、研ぎあげる、拭きあげる、仕立てあげる、書きあげる、読みあげる、撮りあげる、仕あげる、やりあげる、まとめあげる、鍛えあげる、育てあげる、たたきあげる、でっちあげる

「長い間かかってとうとう一そうの船を作りあげました」(教科書)

これらの語において「あげる」は、人の仕事や作業の完了を示している。修飾句としては「すっかり」、「予想どおり」、「思ったとおり」、「完全に」等が用いられる。

外国人学習者の誤用例に次のようなものがある。

*「やっと注射をしあげた」
*「漢字を習いあげた」

学習者は、「やっと終了した」という気持ちで用いたものと思われるが、「あげる」は、完成品や仕上がり品の予想される動詞と結合する。「注射をした」こと、「漢字を習った」ことの完成度を示す具体的な物は存在しない。これに対して「終わる/終える」は、単なる終了を示しており、かなり自由に動作動詞と結合する。「パンを焼き終えて、オーブンを開けてみたら、焦げすぎて、失敗していた」こともあり得るが、「パンを焼きあげた」場合は、目の前に思ったとおり焼かれたパンがあるはずである。

「あげる」の結合する前項動詞は、「あがる」とほぼ共通しており、助詞「を」のとる目的の名詞として同じ文脈で二つか三つの対象「材料と生産

物／作品」の関係にあるものが考えられるという点でも同様である。

ペンキを塗る
壁を塗る　　　→ 壁を塗りあげる

糸を織る
布を織る　　　→ 布を織りあげる
花模様を織る → 花模様を織りあげる

(4–2) 作業活動の完了

調べあげる、数えあげる、並べあげる ／ 勤めあげる ／ 売りあげる

「診療所を通じて、病人の体を徹底的に調べあげ、医者が患者と協力して病気を治そうとしている姿勢がはっきり感じられた」（新聞）

これらの語は、あるひとまとまりの対象物を「調べ／数え／並べ」尽くすという感じを与える。修飾句としては「片っぱしから」、「徹底的に」、「次々と」、「一つ残らず」等が考えられる。

「勤めあげる」は、職務についてからやめるまでの期間を一つのまとまりと見て、それを全うするという意味になる。目的語として「仕事」と「期間」の二つが考えられる。

仕事を定年まで勤めあげる
30 年の任期を勤めあげる

一か所に定年まで勤め続けることをよしとする日本人の職業観を反映していると言えよう。

「売りあげる」は、ある目標の額を達成したという意味合いを含む。ふつう「売りあげ」と名詞の形で用いられるが、次のように売りあげ総額の数字と共に用いられることもある。

当店は今期一億円を売りあげた。

このほかにも、「あげる」は、完成・完了の意を示すため、他の語と結びつくことがある。次のような例は、まだ熟した形とは言いがたいが、類推的に用いられたものであろう。

「すし一人前をにぎりあげ、初の儀式は約三十分で終わった」（新聞）
「ビビアンリーはスカーレットの役を見事に演じあげた」（日本テレビの番組）

【5】 強　調

おだてあげる、ほめあげる、おどしあげる、どなりあげる、縛りあげる、締めあげる、絞りあげる、ひねりあげる、つねりあげる、しごきあげる

「道で幼い子どもがちょっとぐずったら、母親がぎゅうと手をツネリあげて、だまらせる光景を見た」（新聞）
「（主将は）大きな身ぶりで周囲を怒鳴りあげる」（新聞）

相手の機嫌をとるために、「おだてあげる」、「ほめあげる」、動かぬように相手を「縛りあげる」の例のように、何らかの意図をもって前項動詞の動作を強く完全に行うという意味を持つ。したがって、次のような表現は不自然になる。

*「そっとつねりあげる」
*「いいかげんに締めあげる」
*「ゆるく縛りあげる」

「本気で」、「力いっぱい」、「とことん」、「徹底的に」など強さの程度を表す修飾句と共に用いられることが多い。

【6】 その他

次にどの分類にも属さないものを個別に取り上げる。

• 読みあげる、（声を）張りあげる、（声を）絞りあげる

自立語の「声をあげる」の用法からきたものと思われる。「読みあげる」の目的語は、単なる「読字」ではなく、「名前、本の一節、リスト」等、声に出して公に人に知らせる情報を含むものである。

・歌いあげる、描きあげる

「人生の感情を、叙情の世界を、愛の心を」「甘美に、詩情深く、切々と、高らかに、朗々と」「歌いあげる、描きあげる」のように創作や芸術活動に関して用いられる文学的表現で、「あげる」は、「賛える」のニュアンスを持っている。影山 (1993: 110) では、「上方向ということは『良い』というメタファーに繋がるから……対象物を慈(いつく)しみ、それをより良くするという含蓄が得られる。……好意的含意が生じるのは、他動詞の表す動作が動作主の情熱的な努力を前提としていること」によるとある。

・引きあげる

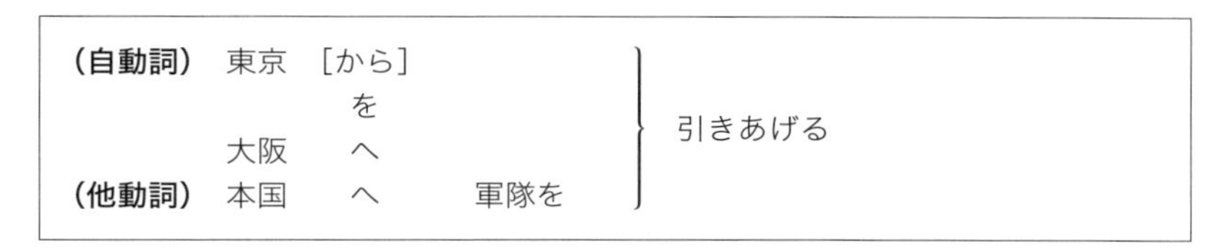

上のような形で用いられ、宮島 (1972: 294) で言われているところの「本拠地への帰還」を意味している。

・切りあげる

「行事、会見、仕事」などの人の活動を途中で「切って」終わりにするという意味で、「早く、5分で、7時までに」等、時間を表す語と共に用いられることが多い。

・入れあげる

「女や酒に金を入れあげる」のように特殊な場合にしか用いられない。

3.4　「〜あがる」と「〜あげる」の対応関係

この二つの複合動詞グループについて簡単にまとめてみたい。

(1)　形の上からいうと、「勉強する」、「愛する」のようなサ変動詞は接続しない。意味の上からは、「下降・分離・消去」のような意義的特徴を持つ動詞とは結びつかない。

(2) 「～あがる」と「～あげる」の意味的対応を次にまとめる。

複合動詞の意味	「～あがる」(例)	「～あげる」(例)
上昇（空間的上昇）	駆けあがる	打ちあげる
（序列の上昇）	繰りあがる	繰りあげる
（形の伸長）	盛りあがる	盛りあげる
（形の縮小）	縮みあがる	まくりあげる
（量の減少による形の縮小）	はげあがる	刈りあげる
完了（完成品を伴う作業活動の完了）	織りあがる	織りあげる
（自然現象の完了）	晴れあがる	────
強調	震えあがる	縛りあげる
社会的行為（下位者→上位者）	────	申しあげる
（上位者→下位者）	────	買いあげる
体内の上昇	────	こみあげる
図々しさ	つけあがる	────

(3) 両方に共通して接合する動詞は 36 語ある。

繰りあがる	— 繰りあげる	仕あがる	— 仕あげる
ずりあがる	— ずりあげる	すりあがる	— すりあげる
せりあがる	— せりあげる	染めあがる	— 染めあげる
つりあがる	— つりあげる	炊きあがる	— 炊きあげる
はねあがる	— はねあげる	煮あがる	— 煮あげる
ふきあがる	— ふきあげる	縫いあがる	— 縫いあげる
巻きあがる	— 巻きあげる	塗りあがる	— 塗りあげる
持ちあがる	— 持ちあげる	練りあがる	— 練りあげる
盛りあがる	— 盛りあげる	干しあがる	— 干しあげる
召しあがる	— 召しあげる	彫りあがる	— 彫りあげる
編みあがる	— 編みあげる	磨きあがる	— 磨きあげる
炒めあがる	— 炒めあげる	蒸しあがる	— 蒸しあげる
炒りあがる	— 炒りあげる	結びあがる	— 結びあげる
うであがる	— うであげる	焼きあがる	— 焼きあげる
折りあがる	— 折りあげる	結いあがる	— 結いあげる
織りあがる	— 織りあげる	ゆであがる	— ゆであげる

刻みあがる — 刻みあげる　　結わえあがる — 結わえあげる
こねあがる — こねあげる　　ねじあがる　 — ねじあげる

(4) 前項動詞の中で自動詞、他動詞の対応が見られるのは次の5組である。

折れあがる　 — 折りあげる　　ねじれあがる — ねじりあげる
まくれあがる — まくりあげる　　切れあがる　 — 切りあげる
めくれあがる — めくりあげる

(5) 「あがる」は、自動詞、他動詞ともに結びつき、複合動詞は全部自動詞になる(唯一の例外は「召しあがる」である)。「あげる」は、大部分が他動詞と結びつき、複合動詞も他動詞になるが、「しゃくりあげる」等、生理作用を示す数語だけが例外的に自動詞になる。

3.5 下降を表す複合動詞類

日本語では、「あがる」、「のぼる」のような上昇を表す語に比べて下方向への移動を表す語は種類が多い。したがって、すでに述べたように後項動詞も多いわけであるが、そのかわり造語力も限られ、意味・用法も、「〜あがる」や「〜あげる」に比べると、単純である。ほとんどが「〜して〜する」と言い換えられ、二つの動作・作用が連なっているにすぎないことが分かる。以下に代表例を挙げておく。

- **「〜おちる」 自＋おちる＝自**

滑りおちる、崩れおちる、転がりおちる、舞いおちる、焼けおちる等

前項動詞は、「落下」の様相を示している。複合動詞は、すべて無意志動詞である。

- **「〜おとす」 他＋おとす＝他**

① 洗いおとす、切りおとす、削りおとす、剃りおとす、突きおとす等
② 泣きおとす、くどきおとす、攻めおとす、責めおとす、せりおとす等
③ 言いおとす、書きおとす、聞きおとす、見おとす、読みおとす等

森田 (1977: 135–136) にあるように ① は、「落下させる」ことであり、前項動詞は、その方法を示している。② は、人を対象に「陥落させる」ことであり、前項動詞は、その方法を表している。① ② とも意志的行為であるが、③ は、「～することをうっかり漏らす」の意であり、無意志的行為である。これは、物理的な「落下」の意が、記憶や認識からの「落下」の意に転じたものと思われる。前掲の森田 (1977) で指摘されているように、「言語生活に関する行為」が中心である。類似の意味を持つ後項動詞類「～もらす」や「～忘れる」と比べると、この特徴がはっきりする。

うちもらす (討)　　　：敵を討とうと計画したが、失敗
うちわすれる (打・撃)：うつことを失念
うちおとす (打・撃)：失念ではなく打撃や襲撃による対象物の落下

＊見もらす
見おとす　：見たが、部分的に情報獲得が欠落
見わすれる：① 見たことの記憶自体の喪失　② 見る行為自体を失念

- **「～おりる」　自＋おりる／他＋おりる＝自**

抱えおりる、駆けおりる、飛びおりる、這いおりる、舞いおりる等

前項動詞は、「降下」の様相を示しており、複合動詞は意志動詞である。

- **「～おろす」　他＋おろす＝他**

①　抱えおろす、担ぎおろす、抱きおろす、助けおろす、つりおろす等
②　見おろす、にらみおろす ／ なでおろす等
③　書きおろす

① は、対象を下へ移動させる意志的行為を表す。前項動詞は、その様相を示している。② は、視線や手の動きの方向を示す。ほとんどの語が反対方向の「～あげる」とも結合する。③ は、特別の例で、新しく書くことを表すが、作家などの創作活動に限られる。

• **「〜くだる」　自＋くだる／他＋くだる＝自**

駆けくだる、漕ぎくだる、攻めくだる、はせくだる、流れくだる等

前項動詞は、「降下」の様相を示しており、意志・無意志両方ある。大部分の語が反対方向の「〜のぼる」とも結合する。

• **「〜くだす」　他＋くだす＝他**

①　飲みくだす
②　読みくだす、書きくだす
③　見くだす

① は、対象物を飲んで、下へ移動させる意志的行為を表す。本義そのままの意味である。② も、視線や手の動きの、なめらかな下方移動を意味し、本義にもやや関係がある。③ は、感情的な上下関係の評価を含む。一語化しており、分析しにくい。

• **「〜さがる」　自＋さがる／他＋さがる＝自**

①　折れさがる、垂れさがる、つりさがる等
②　飛びさがる、引きさがる　／　繰りさがる　／　成りさがる
③　食いさがる

① は、「さがる」の本義の一つ、一方が固定されて、他方が下方に垂れている状態を表す。② は、水平移動の後退の様相を示す。それが順位や地位の後退に転じ、抽象化したのが「繰りさがる、成りさがる」である。反対語の「繰りあがる、成りあがる」と対応している。③ は、目標に向かって深く（下がって）迫るの意で、本義と無関係ではないが、一語化しており、分析がしにくい。

• **「〜さげる」　他＋さげる＝他**

①　つりさげる　／　掘りさげる
②　押しさげる、引きさげる　／　繰りさげる
③　払いさげる、願いさげる、とりさげる

④　見さげる

①と②は、「～さがる」と同様で、他動詞として対象を下方か後方へ移動せしめることを意味する。③は、社会的な上下関係に関する行為である。④は、「見くだす」と同様に軽視を表すが、「見さげはてた奴」（軽蔑すべき相手）のように状態詞化して用いられる点が「見くだす」と異なる（見くだした奴＝見くだすという行為をした主体者）。「見あげた奴」と対応している。

第4章

「〜こむ」および
内部移動を表す複合動詞類

4.1 「〜こむ」と他の複合動詞

「〜こむ」を後要素に含む複合語の要素として、次のようなものが考えられる。

(1) 名詞＋こむ　(例) 勢いこむ、意気ごむ
(2) 動詞＋こむ　　　 乗りこむ、取りこむ

(1) は、きわめて数が少ないが、(2) は、方向性を表す後項動詞類の中でずばぬけて数が多い。すでに見たように、国立国語研究所の調査 (1987) によれば、結合する前項動詞の数が231語で、語彙的複合動詞の中では第1位である。

一般的に言って語構成においては、自動詞は自動詞と、他動詞は他動詞と結びつきやすいという傾向が見られる (ただし、「〜始める」や「〜続ける」のようなアスペクトに関係のある後項動詞は別である)。しかし、「こむ」は、自動詞、他動詞の区別なく自由に結合する。影山 (1993: 78) の指摘によれば、「それ自体の一定の意味作用に従って概念構造を形成する。この点で英語の接頭辞とよく似ている」ということである。この自由度が多くの複合動詞を作り出す一因になっていると言えよう。「〜こむ」は、ふつう「内部へ」という意味を持つとされている。しかし、中には、単なる「内部移動」だけでは済まされぬニュアンスを含む場合がある。

(例) ・家に上がりこむ (侵入して動かないという感じを伴う)

・人を家に連れこむ（無理にという感じを伴う）
・家に泊まりこむ（物々しい感じを伴う）
・物を水につけこむ（全体をどっぷり入れるという感じを伴う）

このような「～こむ」の特徴は、同じように「内部移動」の意味を持つ後項動詞類「こめる」、「いる（入る）」、「いれる」等と対比することによって一層明確になると考えられる。そこで、後半ではこれらの語もあわせて取り上げることにする。

4.2 「～こむ」の複合動詞

自立語としての「こむ」の意味について考えてみよう。広辞苑（第４版）によると、「こむ」（籠む、込む）の語義は、自動詞としては「内部へ内部へと物事が入り組んで密度が高まること」であり、他動詞としては「まわりを固く囲んだ中に何かを入れて動かさないようにすること」となっている。現代語の「こむ」には自動詞の働きしかないが、古語には他動詞としての用法も見られる。小学館『国語大辞典』（第１版）には『日葡辞書』の用例として「テッパウニ　クスリヲ comu（コム）」が挙げられている。複合語の構成要素としては自他両用の働きがあり、広辞苑に述べられた二つの意味を根底に持っているものと考えられる。

「～こむ」の複合動詞のうち約８割は、主体あるいは対象がある領域の中へ移動することを表している。これを「内部移動」と呼ぶ。この移動していく先である領域は、格助詞「に」で示されるが、前項動詞の意味特徴によってさまざまな形態が考えられる。その領域の形態的特徴から七つのグループに分けてみた。そのほか、「～こむ」は、動作・作用の程度が進行することを表している。これを「程度進行」と名づけ、その進行の様態にしたがって三つのグループに分けてみた。このような観点から大別し、まとめたのが 61～62 頁の表である。

【1】　内部移動

「〜こむ」の複合動詞	自動詞か他動詞か	移動先の領域
(1–1) 自動詞 場所［に］　〜こむ 人　が　　穴　に　落ち込む	自＋こむ＝自 他＋こむ＝自	閉じた空間
他動詞 対象［を］場所［に］　　〜こむ 人　を　　穴　に　落とし込む	他＋こむ＝他	
(1–2) 自動詞 場所［に］　〜こむ 針金が　　体　に　食いこむ	他＋こむ＝自	固体
他動詞 対象［を］場所［に］　〜こむ 釘　を　　柱　に　打ちこむ	他＋こむ＝他	
(1–3) 自動詞 場所［に］　〜こむ 薬品が　　水　に　溶けこむ	自＋こむ＝自	流動体
他動詞 対象［を］場所［に］　　〜こむ 薬品　を　　水　に　溶かしこむ	他＋こむ＝他	
(1–4) 自動詞 集合体［に］　　〜こむ 砂が　　米　　に　まじりこむ	自＋こむ＝自	間隙のある集合体または組織体
他動詞 対象［を］集合体［に］　〜こむ 豆　を　　米　　に　まぜこむ	他＋こむ＝他	
(1–5) 他動詞 対象［を］取り囲み体［に／で］　　〜こむ 金　を　　　布　　　　に　くるみこむ	他＋こむ＝他	動く取り囲み体
(1–6) 自動詞 内部［に］　　〜こむ 胴が　内側　に　くびれこむ	自＋こむ＝自	自己の内部 (自己凝縮体)
他動詞 対象［を］内部［に］　〜こむ 裾　を　内側　に　折りこむ	他＋こむ＝他	

(1–7) 他動詞 対象［を］　〜こむ 中　を　のぞきこむ	他＋こむ＝他	**その他**

【2】 程度進行

「〜こむ」の複合動詞	自動詞か他動詞か	意味特徴
(2–1) 人　が　〜こむ 人　が　黙りこむ	自＋こむ＝自 他＋こむ＝他	**固着化**
(2–2)　〜こむ 人　が　老いこむ	自＋こむ＝自 他＋こむ＝自	**濃密化**
(2–3) 人　が　〜こむ 人　が　毎日 1km　泳ぎこむ	自＋こむ＝自 他＋こむ＝他	**累積化**

次に、各項目に属する動詞について考える。

【1】 内部移動

このグループは、主体あるいは対象が、何らかの枠組みの「かこむ」領域の中へと移動していくことを表しているのであるが、その枠組みの形態の特徴によって「閉じた空間、固体、流動体、集合体または組織体、動く取り囲み体、自己の内部、その他」の七つに分けられる。次に、この順序に従って考察をしていく。

(1–1) 閉じた空間への移動

ここでいう「閉じた空間」とは、外部と一線を画す境界線によって生じる領域である。それが建築物のような立体空間であっても、単なるゴールや木の下というような平面上の領域であってもよい。また、その領域の中が空(から)であっても、何かで満ちていてもよい。あるいは、人々の意識下にある抽象的な領域でもよい。例えば、「飛びこむ」という動詞の移動領域としては、〈家〉、〈茂み〉、〈海〉、〈目の中〉、〈実業界〉等が考えられる。領域の形態は一様ではないが、ある境界（枠組み）を越え、内部に入るという点では共通している。また、「ふれこむ」、「教えこむ」、「せがみこむ」等の語においては、格助詞「に」のとる名詞は人やその集合体に限られる。この場合は、情報や技や依頼事項という抽象的な事柄を他者の経験や知覚の領域に伝える（移入せしめる）ものと解し、このグループに含めた。

次に、このグループに属する動詞を、主体の移動（自動詞）と対象の移動（他動詞）に分けて、挙げる。

(a) 主体の移動（自動詞）

上がりこむ、落ちこむ、駆けこむ、転がりこむ、転げこむ、滑りこむ、飛びこむ、にじりこむ、這いこむ、這いずりこむ、走りこむ、はいりこむ、いりこむ、移りこむ、忍びこむ、もぐりこむ、ひっこむ、すっこむ、乗りこむ、さまよいこむ、舞いこむ、くぐりこむ、迷いこむ、倒れこむ、繰りこむ、ひょろけこむ、もつれこむ、よろけこむ、暴れこむ、躍りこむ、なだれこむ、突っこむ、押しこむ、踏みこむ、ふんごむ、回りこむ、散りこむ、割りこむ、はまりこむ、しけこむ、張りこむ、ずれこむ、拝みこむ、泣きこむ、ねじこむ、つけこむ、攻めこむ、どなりこむ、談じこむ、なぐりこむ、切りこむ、逃げこむ、住みこむ、泊まりこむ、座りこむ、照りこむ、照らしこむ、さしこむ、吹きこむ、降りこむ、注ぎこむ、流れこむ

(b) 対象の移動（他動詞）

担ぎこむ、運びこむ、けりこむ、はたきこむ、ほうりこむ、投げこむ、はじきこむ、掃きこむ、振り込む、打ちこむ、ぶちこむ、ぶっこむ、ひねりこむ、ねじこむ、ねじりこむ、叩きこむ、汲みこむ、掬いこむ、持ちこむ、積みこむ、盛りこむ、はめこむ、封じこむ、吹きこむ、入れこむ、繰りこむ、たぐりこむ、引きこむ、引きずりこむ、ひっぱりこむ、取りこむ、しまいこむ、釣りこむ、掻きこむ、掻いこむ、かっこむ、射こむ、押しこむ、詰めこむ、落としこむ、さしこむ、突きこむ、突っこむ、追いこむ、注ぎこむ、つぎこむ、たらしこむ、流しこむ、飲みこむ、吸いこむ、すすりこむ、食らいこむ、受けこむ、含みこむ、借りこむ、買いこむ、聞きこむ、習いこむ、誘いこむ、呼びこむ、招じこむ、招きこむ、連れこむ、払いこむ、売りこむ、送りこむ、ふれこむ、たれこむ、申しこむ、教えこむ、仕こむ、頼みこむ、せがみこむ、隠しこむ、ためこむ、たくわえこむ、（カツオ節を）削りこむ、（ネギを）刻みこむ、（レモンを）絞りこむ、篩（ふる）いこむ

「ここ（収容所）に転がりこんでくる人々は、経済難民もジプシーも含まれていた」（高樹のぶ子『百年の預言』）
「医師は聴診器を耳に差込んで心臓の鼓動を調べた」（大佛次郎『風船』）

移動の領域は、格助詞「に」で示されるが、それが現れないことがある。すなわち、対象が主体の方向に移動する場合である。領域が主体自身になるので、その中に吸収され、表現する必要がなくなるわけである。

「唾をのみこむ、煙を吸いこむ、うどんをすすりこむ、飯をかきこむ」

また、物や事柄の出どころが「から」で示される場合がある。

「農民から米を買いこむ、人から話を聞きこむ、人から金を借りこむ」

前項動詞と「こむ」の関係を見ると、大部分の複合動詞は「～して入る（入れる）」、「～しながら入る（入れる）」、「～するようにして入る（入れる）」と言い換えることができる。

(1–2) 固体の中への移動

(a)　主体の移動（自動詞）

食いこむ、のめりこむ、めりこむ

(b)　対象の移動（他動詞）

こすりこむ、擦りこむ、なすりこむ、塗りこむ、はたきこむ、まぶしこむ、もみこむ、練りこむ、植えこむ、埋めこむ、うずめこむ、打ちこむ、叩きこむ、突きこむ、突っこむ、刻みこむ、彫りこむ、書きこむ、描きこむ、刷りこむ、写しこむ、鋳こむ

「爪は鷹匠の左腕に食い込んだ」（戸川幸夫『爪王』）
「服の内側にDDTをふりこみ、露出した部分には防虫クリームをぬりこんでおけばよい」（安部公房『砂の女』）

この固体というのは、人の体、地面、壁、木材など中味の詰まったものである。主体あるいは対象がその内部に侵入したり、表面に付着したりして、固体の形態に変化を及ぼす。刻んだり、彫ったりして固体の容量が減

る場合もあるし、塗ったり、書いたりして固体の素地の面積が減る場合もある。

(1–3) 流動体の中への移動

(a) 主体の移動（自動詞）

漬かりこむ、溶けこむ、ひたりこむ、沈みこむ、もぐりこむ

(b) 対象の移動（他動詞）

漬けこむ、溶かしこむ、溶きこむ、ひたしこむ、沈めこむ

「なまなましい木の香は、冷たい高山の空気にとけこみ、くだもののように新鮮だった」（小山勝清『愛を裏切る牛』）

「マナガツオは酒としょう油に四時間つけこむ」（新聞）

この流動体とは、水や汁などの液体、泥など液体に準じるもの、空気などの気体をいう。その中に何かが入っていくことを表す。

(1–4) 間隙のある集合体または組織体の中への移動

(a) 主体の移動（自動詞）

しみこむ、まじりこむ、紛れこむ、うまりこむ、うもれこむ

(b) 対象の移動（他動詞）

まぜこむ、編みこむ、織りこむ、縫いこむ、組みこむ、炊きこむ、詠みこむ、歌いこむ

「梶は今度こそ本当に改札口の人混みの中へまぎれ込んで行った」（井上靖『あした来る人』）

「一般に使われている機械織りのじゅうたんは、織り糸を基布に織り込み、毛足をたてたパイルカーペットと呼ばれるものだ」（新聞）

このグループの動詞は、布地や畳の目などすきまのあるもの、砂や米など粒状のものの集まり、部分や部品の集合体、人の群れなどの間に入りこんでいくことを表している。「雨水が地面にしみこむ」などという場合は、地面が土や小石などの集合体としてとらえられているのである。

(1–5) 動く取り囲み体の中への移動

このグループは、対象の移動を表すもの（他動詞）しかないが、格助詞のとり方によって二通りに分けられる。

(a) ［対象］を［取り囲み体］{に / で} ～こむ

握りこむ、丸めこむ、包みこむ、抱きこむ、抱えこむ、くるみこむ、囲みこむ、覆いこむ、敷きこむ、巻きこむ、挟みこむ、綴じこむ、くわえこむ、頬張りこむ

(b) ［対象］に［取り囲み体］を ～こむ

着こむ、かぶりこむ、履きこむ、背負いこむ、しょいこむ、着せこむ、かぶせこむ

「画用紙を小脇にかかえこんでいる太郎をぼくがひきとると運転手はホッとしたように自動車にもどっていった」（開高健『裸の王様』）

「（マッサージは）ヒジを手のひらでくるみ込むようにしてぐるぐるまわし…」（新聞）

「下着は一度着こむともう脱げなくなるので上着で調節を」（新聞）

このグループでは、対象自体の移動は問題にされず、枠組みそのものが動き、結果的に対象を内部にとりこんだ領域を形成するというものである。ここではそれを「取り囲み体」と呼ぶわけであるが、具体的には有情物の体の部分、平面的な布状のものや紙など自在に形態を変え、対象を押し包むものである。前項動詞の種類によって、取り囲み体の性質や囲み方の形態などもさまざまである。

- 体の一部で囲む：握りこむ、抱えこむ、抱きこむ、くわえこむ、頬張りこむ
- 二つの側面で囲む：挟みこむ、綴じこむ
- 水平面と平面的なものの間で囲む：覆いこむ、敷きこむ
- 囲み体自身の内部に入れこんで囲む：巻きこむ、丸めこむ、包みこむ
- 人体を衣服等で囲む：着こむ、着せこむ、履きこむ、かぶりこむ

(a) のグループにおいて取り囲むものが、囲みの“場”というより囲む

“道具や手段”と意識される場合には、格助詞「に」の代わりに手段を表す「で」が用いられることになる。

小脇に抱えこむ	布にくるみこむ	紙に包みこむ
小脇で抱えこむ	布でくるみこむ	紙でくるみこむ

(b) のグループでは、取り囲み体が格助詞「を」の目的語となっている。前項動詞は、人が自らの意志で取り囲み体を対象物（そのほとんどは人体である）に付着せしめることを表している。(a) と (b) は、格助詞のとり方が違うが、次のように言い換えて同じ状態を表すことができる。

(a) 体を服で包みこむ → (b) 体に服を着こむ
(a) 頭を帽子で覆いこむ → (b) 頭に帽子をかぶりこむ
(a) 足をブーツでくるみこむ → (b) 足にブーツをはきこむ

(1–6) 自己の内部への移動（自己凝縮体）

このグループは、凝縮の方向とそれに伴う形態変化の様相によって次の五つに分けられる。

(a) 主体の一部が自己の内部に向かって陥没する
自動詞：くぼみこむ、ひっこむ、くびれこむ、めりこむ、へこむ

(b) 主体あるいは対象の一部が基底部に向かって沈下する
自動詞：落ちこむ、崩れこむ、沈みこむ、かがみこむ、こごみこむ、うつむきこむ、しゃがみこむ、へたりこむ
他動詞：かがめこむ、押さえこむ

(c) 主体あるいは対象の一部同士が重なり合い、形態が縮小する
自動詞：まくれこむ、めくれこむ、折れこむ、曲がりこむ
他動詞：まくりこむ、めくりこむ、折りこむ、折り畳みこむ、曲げこむ、たくしこむ、(裾を) 縫いこむ、くけこむ、まつりこむ、いせこむ、かがりこむ、からげこむ

(d) 対象の全体が中心に向かって凝縮する
他動詞：畳みこむ、(ピントを) 絞りこむ

(e) 主体あるいは対象の一部の削除によって形態や量が縮小する

自動詞：はげこむ、切れこむ

他動詞：刈りこむ、切りこむ、すきこむ、剃りこむ、えぐりこむ、(公金を) 使いこむ

「勝呂は、膝の力が全く抜けてしまったように床にしゃがみこんだ」（遠藤周作『海と毒薬』）

「馬の首だけ出す窓が (車に) 切りこんである」（水上勉『霧と影』）

これらの動詞は、主体あるいは対象の一部の陥没、沈下、削除などによって凝縮という形態変化を起こすものである。移動先は自己の内部であるから、格助詞「に」で表される領域はふつう略される。しかし、特に形態変化の方向を示す場合は、「中に」とか「床に」とかいったような語を伴うことがある。

ここに挙げた複合動詞のうち、「こむ」の代わりに「あがる」や「あげる」と結合して同じような形態変化を表すものがある。

頭を刈りこむ	裾を折りこむ	ふちがまくれこむ
頭を刈りあげる	裾を折りあげる	ふちがまくれあがる

頭を刈る場合は、基底線からひっこんだと見るか、基底線そのものが上昇したと見るかの違いである。裾を折ったり、ふちがまくれたりする場合は、内側か、外側かの違いはあるが、そのものの形態が縮小するという点では変わりがないと言える。

(1–7) その他

のぞきこむ、見こむ、あてこむ、(金を) 張りこむ、(数量を) 割りこむ、(相手チームを) 打ちこむ

これらの動詞は、格助詞「に」をとらない。したがって、越えて入って行くべき枠組みの領域は表面に現れないが、よく考えてみると、潜在的な枠組みといったようなものが設定できる。

「彼は腰をかがめて穴の中をのぞきこんだ」（石川達三『自分の穴の中で』）

→ 視線を穴の中に注ぐ。

「うどん屋は天候の具合をみては来客数を見込み、材料の仕入れを調整する」（新聞）

→ 来客数を考慮の中に入れて予想をたてる。

「ボーナスをあて込んだ郵便貯金勧誘の『郵便物』が配達されている」（新聞）

→ ボーナスをあてにして期待の中に入れる。

「今月末の外貨準備高が百五十億ドルを割り込むのは確実とみられている」（新聞）

→ 百五十億ドルという基準線の下に落ちる。

「ウチの打線なら、阪急の投手陣を軽く打ち込めるさ。見ていなさい」（新聞）

→ 投手を打ち負かし、チームの中に攻めこむ。

「張りこむ」の用例は見当たらなかったが、「入社式用に金を張りこんで、背広を新調した」というような例では、入社式で背広が要るという情況の枠に対して金を「出す」と解釈できよう。

【2】 程度進行

今まで見てきたように、【1】のグループは、主体あるいは対象が形態の差こそあれ、ある領域の中へ移動するものであった。これに対して、【2】のグループは、動作・作用の進行により程度が高まり、ある密度の濃い状態に達することを表している。小学館『日本国語大辞典』（第１版）によると、「こむ」の「こ」は「濃（こ）」であり、「凝る」や「籠もりいる」にも通じるとある。このほかに自立語としての「混む」（密集）の意味も加えると、【2】のグループの「こむ」の担う役割が明らかになってくる。

このグループは、前項動詞の意味特徴によって三つに分けられる。「固着化」、「濃密化」、「累積化」である。第１は、動作・作用の進行の結果、ある状態に到ったまま固定化しているというものである。第２は、程度が高まり、状態が昇進していくもの、第３は、何かの目的のため、人が動作や行為の積み重ねにより、その技や対象とするものの質の向上を図るというものである。次に、各項について考えてみる。

(2–1) 固着化

眠りこむ、寝こむ、黙りこむ、ふさぎこむ、しょげこむ、しおれこむ、沈みこむ、しけこむ、思いこむ、考えこむ、決めこむ、覚えこむ、話しこむ、しゃべりこむ、構えこむ、気負いこむ、ほれこむ、溺れこむ、困りこむ、弱りこむ

これらの動詞は、全て人間の心理作用や生理作用、思考作用などに関するものである。次の段階の状態変化を前提としつつも、依然として前項動詞のままの状態でいる（そこに籠もっている）ということを表している。

「弟はむっとしたようだ。それっきり黙り込んだ」（源氏鶏太『御身』）
「友だちのアパートであの人と四時間もしゃべりこんじゃったわ」（新聞）

前の「黙り込んだ」例では、再び「口を開く」ことが期待されるし、後の例では、「しゃべるのをやめて帰る」という行動が予想される。それなのに、前の状態のままで動かないのである。このような“固着化”の情況に対してはマイナスの評価が伴う。

次は認識動詞に「こむ」が結合した例であるが、その認識が正しいとは限らないというニュアンスが含まれている。

「伸子は母が床についているとばかり思いこんでいた…」（宮本百合子『伸子』）
→（しかし、実際は母は起きていた）
「うちの社長は、どんなことでも可能だと、社員に信じこませている」（丹羽文雄『日日の背信』）
→（実際は社長は万能ではないかもしれない）

同じ認識作用でも、「知る」や「分かる」は、真実に触れることを表すから、このような「こむ」とは結びつかないものと思われる。同様に「決めこむ」の場合も、その決定が誤っているかもしれないという疑いを伴う。

「グレーは地味、赤は派手と決めこむ習慣が存在しているようだが、デパートのヤングコーナーを見てもグレーや黒が多く、決して赤ばかりではない」（新聞）

→（一部の人が勝手にそう決めているだけだ）

　また、この語は、さまざまな名詞と結んで慣用句的に用いられるが、「[ごろ寝／居座り／知らぬ顔／ねこばば／だんまり／ぐうたら／寝正月] を決めこむ」のように、マイナス評価のものに限られている。

　このグループの動詞は、本人の意志とかかわりなく、その状態におちいるということから、無意志動詞化する場合が多い。「考える」などは完全に意志的な行為であるが、「こむ」がついて「考えこむ」になると、無意志的な状態性の強いものになってしまう。

{ 　いっしょに考えよう　　{ 　考えたい
{ ？いっしょに考えこもう　{ ？考えこみたい

　アスペクトの面でも「〜したまま」、「〜している」、「〜してしまった」の形がよく用いられる。

　また、状態の固定化を強調する意味から、「すっかりしょげこむ」、「てっきりそう思いこむ」、「ぐっすり寝こむ」、「とことん信じこむ」、「固く決めこむ」のような、強い程度を表す修飾語を伴うことが多い。

(2–2) 濃密化

老いこむ、老いぼれこむ、老けこむ、ぼけこむ、やつれこむ、へばりこむ、冷えこむ、枯れこむ、錆びこむ、咳きこむ、急ぎこむ、せっこむ、じれこむ、たてこむ、めかしこむ、すましこむ、しゃれこむ、化けこむ、だましこむ、負けこむ、更けこむ

　このグループの前項動詞は、ほとんど状態の変化を表すものであり、「こむ」は、その変化の程度が進むことを表している。例えば、「老いこむ」は、「老いる」という現象が「こむ（＝濃くなる、密集する）」結果、老いがひどくなるというように解することができる。

「画家は三年見ぬまにすっかり老い込んで、頬骨は一層とがっていた」
（大岡昇平『黒髪』）

「片隅の方で咳をこらえていた女がたまりかねて手を口にあてながら烈

しく咳こんだ」（遠藤周作『海と毒薬』）

このグループの語は、生理的な変化や自然現象の変化を表すものが多いが、その変化の程度が進むことに対してマイナス評価の感じを伴う。また、「ぎっしりたてこむ」、「めっきり冷えこむ」、「すっかり老けこむ」のように強い程度を表す修飾句を伴うことが多い。

(2–3) 累積化

歌いこむ、泳ぎこむ、さらいこむ、使いこむ、磨きこむ、拭きこむ、練りこむ、読みこむ、漬けこむ、履きこむ、煮こむ、炊きこむ、洗いこむ、食べこむ、書きこむ、投げこむ、鍛えこむ等

これらの動詞のほかにも、累積の意味を表す「～こむ」があるが、よく使われるものを挙げた。このグループの前項動詞は、繰り返しのきく、人間の意志的行為を表している。「こむ」は、時間をかけてその行為を重ね（累積し）、人の技や対象とする事柄の質を向上させるというものである。この場合、はっきりした目的があるのが普通で、「～に備えて」、「～をめざして」、「～のために」というような言葉が用いられることが多い。

「大会参加に備え二か月ほど前から毎朝 15 キロほど走りこんでいた」（新聞）

「十歳ぐらいの子どもが、毎日二千メートルも泳ぎこむのが普通になってきた」（新聞）

「文章は書きこんでいくことで光ってくるものでしょうか」（雑誌）

上の例のように、「走る」、「泳ぐ」等の行為が重ねられ、「こむ（＝凝る、濃くなる）」ことにより練達していくのである。

このグループの語の中には、【1】で取り上げた「内部移動」を表すグループの語と形が同じものもいくつかある。それは、次のように格助詞のとり方や、あるいは、前後の文脈によって見分けることができる。

廊下にワックスを磨きこむ（廊下はワックスを塗る場である）
廊下を磨きこむ（廊下は磨く対象である）

{パンにからしをねりこむ
 パンをよくねりこむ
{本に字を書きこむ
 本を十分に書きこむ

長年「磨きこんだ」廊下は美しくて、よいものである。そこには「磨き足りない」廊下はよくないという考え方が見られる。また、「使いこんだ」道具は、使い慣れて、よいものであるが、同じように長く使っても、「使い古した」道具はよくないのである。

「"洗いこむほどまっ白に、ニューワンダフル"」(広告文)

本来なら、「洗いざらし」になるはずの洗濯物も、この洗剤を使えば、ますます白くなってよくなるというのである。このように、「こむ」は、時間の経過や行為の積み重ねがよい結果を生み出すという意味を表している。したがって、このグループの語は全てよい評価を含んでいる。これは、前に述べた (2–1) や (2–2) のグループの語がマイナスの評価を含んでいたのと比べて大きな違いである。

このような意味のほかに、１回限りではあるが、前もって何かに備えてやっておくということを表す場合もある。

「(ゴルフ場の番をとるため早朝から並んでいる青年の言葉) ゆうべは、うんと食べこんで九時に寝て、二時に起きてウドンを自分でこしらえて、でてきました」(新聞)

この場合は、単に「食べておく」と言い換えることができる。どちらの意味の場合も、修飾語として「十分、よく、うんと、じっくり、とことん、徹底的に」のような程度を表す語や、「1日に何キロ (走りこむ)」とか「何回 (さらいこむ)」というような数量を表す語が用いられる。

4.3 「〜こめる」の複合動詞

「〜こめる」の動詞は非常に少ない。「〜こむ」の数が多く、複雑な用法があるのと対照的である。「込める」は、「籠める」に通じると辞書にもあるように、ある閉じた空間の中に何かが入り、籠もるという意味を表している。

複合動詞は文型によって次の三つに分けられる。

【1】内部移動	対象　[を]　場所　[に]　～こめる		他＋こめる＝他
	人　を　穴　に　押しこめる		
【2】充満	自然現象　[が]　場所　[に]　～こめる		自＋こめる＝自
	煙　が　穴　に　たちこめる		
【3】追い詰め	人　[を]　～こめる		他＋こめる＝他
	人　を　やりこめる		

次に、それぞれのグループに属する動詞を挙げる。

【1】　内部移動

入れこめる、押しこめる、閉じこめる、たきこめる、塗りこめる、封じこめる、取りこめる、引っこめる、縫いこめる、降りこめる

「治安当局は…おもだったメンバーを自宅に封じこめる作戦に出た」（新聞）

これらの動詞は、「～して込める」と言い換えられ、前項動詞は対象を「込める」方法を示している。なお、「降りこめる」は受身の形で用いられる。

「それから雨に降りこめられた二日がつづいた」（三島由紀夫『愛の渇き』）

【2】　充　満

たちこめる、たてこめる、垂れこめる、鳴きこめる

「外には乳色の夕もやがたちこめはじめた」（遠藤周作『海と毒薬』）

夕やみ、光、煙、雲、ほこり、湯気、匂い、声などがある空間にこもって満ちるという状態を表す。

【3】　追い詰め

言いこめる、やりこめる

「今は何を言っても言い込められるばかりだ」（志賀直哉『日記』）

言葉で相手を窮地に追いやり、そこに閉じこめるということである。

「〜こめる」の複合動詞の数は、このように僅か 16 語ぐらいであるが、「こむ」と同じ前項動詞をとるものがある。

(a)　意味も用法も同じもの
　封じこむ／封じこめる
(b)　意味は同じで、自他の対立をしているもの
　頭がひっこむ／頭をひっこめる
(c)　意味的に異なるもの

{雨が中に降りこむ　雨が人を降りこめる}　{服を家にとりこむ　人を部屋にとりこめる}　{人を車に押しこむ　人を車に押しこめる}

{ワックスを壁に塗りこむ　死体を壁の中に塗りこめる}　{家がたてこむ　霧がたてこめる}

「こむ」が主体あるいは対象の着点への移動そのものに重点を置いているのに対し、「こめる」は、内部にとどまらせるという点に重点がある。また、最後の例において「たてこむ」は、主体の数的増加すなわち密集度を表すのに対し、「たてこめる」は、主体の領域いっぱいの広がり具合、充満度に重点が置かれると言える。

4.4　「〜いる」の複合動詞

辞書によれば、「いる」は「はいる」の雅語的表現とある。後項動詞としても「こむ」と比べて、やはり古めかしい語感を伴うことが多い。ほとんどの場合、自動詞と結合し、他動詞と結合した場合も、全て複合動詞は自動詞となる。

語彙的複合動詞として本動詞の意味がそのまま生きている「内部移動」と接辞化した「程度強調」の意の二つに大別できる。

【1】　内部移動

流れいる、吹きいる、溶けいる、しみいる、さしいる　／　駆けいる、馳せいる、歩みいる、転げいる、まろびいる、滑りいる、進みいる、飛びいる、踏みいる、くぐりいる、忍びいる、迷いいる、暴れいる、攻めい

る、討ちいる、切りいる、押しいる、分けいる、捧げいる、まぎれいる、立ちいる、おちいる ／ 食いいる ／ とりいる、つけいる

「私たちは気の進まぬままに踊りの群へ分け入った」(三島由紀夫『仮面の告白』)

「山間部を流れ下る川に沿いながら西に分け入った果てに、ふいに視界が開けてたどり着くバスの終点…」(高樹のぶ子『百年の預言』)

これらの語は、大部分が「[～して／～しながら／～するようにして] 入る」と言い換えられ、前項動詞は、内部移動の様相を表している。自然現象、人の意志的行為の両方に用いられる。前項動詞が移動の様相を表すものは、「こむ」や反対語の「でる／だす」とも結合する。

流れいる	溶けいる	飛びいる
流れこむ	溶けこむ	飛びこむ
流れだす／流れでる	溶けだす／溶けでる	飛びだす／飛びでる

「踏む、攻める、討つ」等の他動詞が「いる」と結合して、複合動詞全体が自動詞化する現象も、「こむ」と同様である。

「食いいる」は、視線に関しても用いられる。

「二人は口もきけず歩み寄り、食い入るように見つめ合った」(吉村昭『アメリカ彦蔵』)

森田 (1977: 87) にあるように「とりいる、つけいる」は、“相手の心の中にはいる”意で、本義が生きていると見られる。

「(ディスコで口説くのは) 女の子に取り入るのがうまい典型的なガイジンのやり口だ」(高橋昌男『饗宴』)

【2】 程度強調

集中的な行為と強度の生理的、感情的作用に分けられる。

(2–1) 集中行為　対象 [に] ～いる

見いる、眺めいる、聞きいる、頼みいる、詫びいる

森田 (1977: 87) では、「行為に深く没入…“心をこめて”“心から”すること」と説明してある。小学館『国語大辞典』(第１版) によると、古語では、「念の入た御方」のように、「いる」が「心のこもった」という意味で用いられている。見聞する行為に「すっかり入る」という状態を表すと解せられる。その状態性は、意志的表現がそぐわないことにも表れている。

しっかり見たい　／　？しっかり見入りたい

頼んでください　／　？頼みいってください

(2–2) 強　度

咳きいる、泣きいる、寝いる ／ 感じいる、驚きいる、おそれいる、あきれいる、痛みいる、恥じいる ／ 消えいる、絶えいる ／ こみいる

「此挨拶には痛み入って返事が出来なかった」(夏目漱石『坊ちゃん』)

前項動詞は、無意志的現象を表す語が多く、「いる」は、すっかりその状況になるという程度の強調を示している。

最後に「こむ」と「いる」が同じ前項動詞をとる場合について考えてみよう。

(a)　意味の同じもの

しみこむ: しみいる、駆けこむ: 駆けいる

(b)　意味的に異なるもの

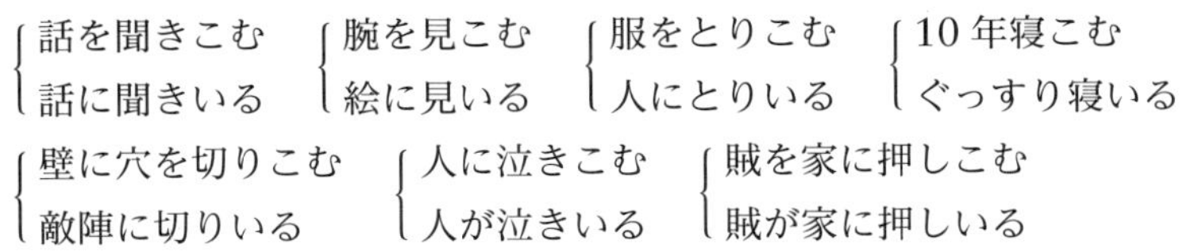

「いる」の方向が常に対象に向かっている (話に聞きいる＝話に対し関心を注ぐ) のに対し、「こむ」の方向は単純ではなく、主体自身に向かうこともある (話を聞きこむ＝話を自分のものとする)。

4.5 「〜いれる」の複合動詞

後項動詞の「いれる」は、自立語としての意味がそのまま残っている。

前項動詞は、何かを入れるための目的や方法などを表している。その多くは、「～こむ」と比べると、一語としての緊密感が薄い場合が多いが、これは、前項動詞が運用中止形と同じ形であるため、文脈上どちらともとれる場合が生じやすいからであろう（「卵を割り入れる」と「卵を割り、（そして）入れる」の例のように）。

このグループの動詞は、全て「～に～を～いれる」の文型をとる。「～こむ」と同様に「入れる」先が主体自身かその領域である場合は、格助詞「に」が消え、代わりに物事の出どころを表す「から」が用いられる。

「モスクワガンセンターは外国から研究者を受け入れた」（新聞）

次に、同じ前項動詞に結合する場合を例にとって、「～こむ」と「～いれる」を比較してみる。

(a)　意味の同じもの

書きこむ：書きいれる、運びこむ：運びいれる等

(b)　意味的に異なるもの

{子を懐に抱えこむ / 子を中に抱えいれる}　{草を短く刈りこむ / 草を中に刈りいれる}　{話を聞きこむ / 話を聞きいれる}

{車に乗りこむ / 車を乗りいれる}　{列に割りこむ / 卵を割りいれる}　{切符を申しこむ / 援助を申しいれる}

「こむ」の用法が複雑なのに対し（抱えこむ＝主体に近づける、刈りこむ＝対象の領域侵入、乗りこむ＝主体の移動など）、「いれる」は、常に対象をある場へ移動させるということを示しており、複合動詞として構成が単純であることが分かる。

4.6　まとめ

(1)「こむ」の持つニュアンス

すでに見たように、同じ「内部移動」を表すと言っても、「こむ」は、他の後項動詞類より複雑な用法を持っている。また、初めに触れたように「こむ」は、単なる「内部移動」の意味以上のニュアンスを伴うことがある。

最後にこの点について考えてみたいと思う。その特徴を明らかにするため、「こうは言えない」という否定的な面からも例を挙げて考えてみる。

(a) 全体がすっかり奥深く入るという感じがある。

「こむ」がつくと、主体あるいは対象が完全に領域の中に収まるという感じを伴う。例えば、次のような表現は「こむ」とはそぐわない。

＊(ちょっと、半分、少しばかり、先だけ) 入りこむ、浸しこむ、上りこむ
＊(端に、ふちに、浅く) 落としこむ、入れこむ、つけこむ

「～こむ」の修飾句としては「すっぽり、丸ごと、どっぷり、すみずみまで」のように全体が完全に入ることを表すものがふさわしい。

(b) いったん入ったら動かないという固定感がある。

自立語「こむ」の古義「籠もりいる」の名残りであろうか、主体あるいは対象が一度領域内に入ると、そこにとどまって離れないという感じを伴う。次のような表現は、文脈上、対象を領域内にとどめておくのが目的ではないから、「こむ」がつくと不自然になる。

＊「乗車の際、切符を買いこむ」(切符は下車の際には手放される)
＊「箸で豆をはさみこんで食べる」(豆はすぐ箸から離れ、口に入る)
＊「その辺のおもちゃをしまいこみなさい」(明日も出して使うならおかしい)
＊「競技で俵を背負いこんで走る」(俵はゴールでおろされる)

佐治 (1992: 209–212) には、外国人学習者の誤用例を中心にして、この点に関する指摘がある。

＊「新しいアパートの工事もあと内装を残すだけとなった。このぶんでは一ヶ月たって引っこしこむことができるだろう」

「引っ越す」は、新居への移動に重点があり、移動先にずっと住むのは当然であるから、「こむ」をつけて「固定」を強調する必要がないのである。

＊「この作文のテーマを契機として、男女平等の問題について、いろいろ思いこんでいた」

すでに述べたように、「思いこむ」は、固定観念にとらわれ、そこから動かないという意味であるから、この文脈には合わない。単に「考えていた」でよいのである。このような「こむ」のニュアンスが「がめつさ」に通じ、卑俗的な感じを与えることがある。その場合には次のような敬語表現はそぐわないものになる。

お金をおためになる／*お金をおためこみになる

ほかに「借りこむ、しまいこむ、買いこむ、隠しこむ、掻きこむ」等も同様である。

(c) 予期せぬものが入るという抵抗感がある。

前項動詞の動作・作用に「こむ」がつくと、何かにさからって入る、異質なものが侵入するという感じを伴い、さらに意外性やものものしい感じに転じることがある。言い換えれば、当然予想されるものがその場に現れる場合、「こむ」がつくと、不自然な表現になるわけである。

泥棒が教室に入りこむ	*先生が（授業のため）教室に入りこむ
肉片を丸ごとのみこむ	*水をのみこむ
相手のくせをのみこむ	
他人の家に住みこむ	*自分の家に住みこむ
機内に銃を持ちこむ	*機内に自分の航空券を持ちこむ
自宅へ人質を連れこむ	*自宅へ我が子を連れこむ
招かれざる客が上がりこむ	*招かれた客が上がりこむ
警官が防弾チョッキを着こむ	*赤ん坊がベビー服を着こむ

これらの語は、「ずかずか入りこむ」、「ぐっと飲みこむ」、「不法に持ちこむ」のように、強い程度を表す修飾句を伴うことが多い。

筆者は、姫野（1978a: 64–65）で以上のようなことを述べたのであるが、その後、山田（1997: 56）でも同様の指摘がなされている。「『入り込む』ことができる場所は、『入ることに抵抗を示す』場所と考えられる。したがって、そのようなところに『抵抗を押して入り込んだ物』は多く、『不都合な物』だという解釈を受ける（『？ミネラル／雑菌の入り込んだ飲料』）」。

(d)　人の行動を表す場合、意志性や目的意識が強いという感じがある。

上に述べたように、「抵抗感を打ち破って」ということから転じて、人が強い意志を持って事を行う感じを伴うことがある。すなわち、いたずら半分の、いいかげんな気持ちで行うという意味では用いられない場合が出てくる。

ストに備え会社に泊まりこむ　　＊ふらっとホテルに泊まりこむ
心覚えに品名を書きこむ　　＊手なぐさみに無意味な線を書きこむ
役立つ情報を聞きこむ　　＊物音を聞きこむ
意を決して敵地に乗りこむ　　＊遊び半分で目的地に乗りこむ
びしびし教えこむ　　＊中途半ぱな気持ちで教えこむ

(2) 後項動詞の意味的対応について

次に、「～こむ」と他の内部移動を表す後項動詞との対応についてまとめておく。

分　類	「～こむ」	「～こめる」	「～いる」	「～いれる」
【1】内部移動				
(移動の領域)	**(例)**	**(例)**	**(例)**	**(例)**
閉じた空間	封じこむ	封じこめる	駆けいる	とりいれる
固体	食いこむ	―――	食いいる	こすりいれる
流動体	溶けこむ	―――	溶けいる	溶かしいれる
集合体・組織体	しみこむ	縫いこめる	しみいる	編みいれる
動く取り囲み体	丸めこむ	―――	―――	―――
自己凝縮体	ひっこむ	ひっこめる	消えいる	たくしいれる
【2】程度進行				
固着化	黙りこむ	―――	―――	―――
濃密化	咳きこむ	―――	咳きいる	―――
累積化	磨きこむ	―――	―――	―――

第5章

「〜でる」と「〜だす」

5.1 「〜でる」と「〜だす」の複合語

語彙的複合動詞「〜でる」と「〜だす」は、方向性を表す一群の後項動詞に属しているが、その意味は、本義に近く、解釈はそう難しくない。問題になるとすれば、統語的複合動詞「〜だす」が「開始、起動」の用法を持ち、形の上からは見分けにくいという点であろう。次の例を見てみよう。

「もっと強くと私に言われて、娘さんは薪を持ち出し、それでもって私の肩をとんとん叩いた」(太宰治『富嶽百景』)
「漸く日中の暑さを持ち出した陽射しが、木立の間から落ちている」(井上靖『星と祭』)

初めの例は、「薪を(物置から外へ)持ち出し」と場所を補うことによって「持って出す」ことだと分かる。後の例は、そのような言葉は補えず、「暑さを持ち始めた陽射し」と言い換えられるので、「出す」は開始を意味すると分かる。

「〜でる」と「〜だす」を構成要素とする複合語は、次のようになる。

		(例)
(1)	名詞+だす	精だす(1語のみ)
(2)	動詞連用形+でる	流れでる
	動詞連用形+だす	飛びだす
(3)	動詞「て形」+でる	買ってでる

本稿では(2)を中心に取り上げる。

5.2 「～でる」の複合動詞

「出る」の基本的な意味は、宮島 (1972: 563) によれば、「物体が他の物体から、または一定範囲の空間から、外に移動すること」である。後項動詞として働く場合も、この本義が生きている。ただ、「外部移動」から「表だった場への登場」へと意味の重点が移っているものもある。次の表は、複合動詞を助詞や「～でる」の意味によって分類したものである。

「～でる」の複合動詞	自動詞か他動詞か	意味特徴
【1】 **場所［から］ ［へ / に / まで / に向かって / に向けて］ ～でる** **場所** **場所 ［を］ ～でる** 洞穴 から外 へ 這いでる 家 を 飛びでる	自＋でる＝自 他＋でる＝自	**外部、前面、表面への移動**
【2】 **相手 ［に / へ / まで / に向かって / に対して］ ～でる** **場所** 社員 が 会社 に 辞職を 願いでる	自＋でる＝自 他＋でる＝他	**表だった場への登場**

次に、各項目に属する動詞について考える。

【1】 外部、前面、表面への移動

個々の用法を検討する前に、移動の方向性について見ておこう。宮島 (1972: 563) によれば、自立語の「出る」は、移動の方向が「外部」のほかに、「前方へ」(例: 前へ出る)、「基準面 (線) から離れる方向へ」(例: 腹が出ている) となることもある。複合動詞も同様である。

- 前方へ: 前に進みでる、客の前に捧げでる
- 基準面 (線) から離れる方向へ: 腹が突きでている、人より抜きんでる

次の語は、ともに用いられる名詞の性質によって方向性が変わる。

- 外部へ：家の中から外へ飛び出る
- 前方へ：列の後ろから前へ飛び出る
- 基準面（線）から離れる方向へ：目が飛び出ている

したがって、個々の動詞を方向性によって細分しても、あまり意味がないと思われるので、ひとまとめにして扱うことにして、この類の語を、まず前項動詞の意味特徴によって分けてみる。前項動詞にすでに「外部への移動」の意味が含まれているもの（1）とその意味がないもの（2）に分けられる。次に、別の要素で分けてみる。すなわち、後項の「出る」の部分が同一の文脈で「出す」と言い換えられるもの（a）と言い換えられぬもの（b）に分ける。この二つの要素を手がかりに十字分類したものが次の表である。

後項要素 ＼ 前項要素	(a) 同一の文脈で「〜でる」が「〜だす」に言い換えられるもの	(b) 言い換えられぬもの
(1) 「外部への移動」の意を含むもの	沸きでる（＝沸きだす）、溢れでる、浮きでる、浮かびでる、にじみでる、ほとばしりでる、こぼれでる、漏れでる、萌えでる	生まれでる、咲きでる、現れでる
(2) 「外部への移動」の意を含まぬもの（移動の方法・様相を示すもの）	這いでる（＝這いだす）、転げでる、転がりでる、飛びでる、滑りでる、走りでる、漕ぎでる、にじりでる、流れでる、しみでる、溶けでる、ふきでる、突きでる、迷いでる、さ迷いでる、漂いでる、逃げでる、逃れでる、抜けでる、忍びでる、浮かれでる	輝きでる、進みでる、捧げでる、歩みでる、泳ぎでる、躍りでる、暴れでる、舞いでる、ひょろけでる、よろばいでる、ゆらぎでる、ゆるぎでる、抜きんでる
(3) 接頭語等	はみでる（＝はみだす）	おんでる、さしでる

まず、前項動詞の意味特徴によって大別し、（1）と（2）について考えてみる。（1）では、「出る」が結合する動詞「溢れる、沸く、浮かぶ、にじむ、生まれる」等、すでに「外部や表面への移動」という意義素が共通に含まれている。「出る」は、単にそれを強調しているにすぎない。用例を見

ると、「出る」をとっても、意味の上でほとんど変わりがないことが分かる。

「見ると、岩の裂け目から…清水が湧き出ているのである（＝湧いているのである）」（太宰治『走れメロス』）
「にじんだ門灯に首相の生家が浮かび出ていた（＝浮かんでいた）」（新聞）

(2) では、前項動詞に「出現」の意味は含まれず、主体の移動の方法や様相を示している。すなわち、前項動詞は、「出る」を修飾している。

「何匹ものアリが…はい出ていく感じ（＝はいながら出ていく）」（新聞）
「ベーコンのあぶらがとけ出たところにキャベツを入れる（＝とけて出た）」（新聞）

これらの複合動詞は、ふつう移動の起点を示す格助詞「から」や「を」と共に用いられる。「から」は、広く用いられるが、「を」は、どの動詞にもつくわけではない。移動の主体が有情物か、あるいはそれに準ずる乗り物に限られる。

人が部屋 {から／を} 飛びでた。
彼の乗った車が穴 {から／を} 転がりでた。
破片が部屋 {から／＊を} 飛びでた。
石が穴 {から／＊を} 転がりでた。

したがって、自然現象を表す「溶けでる、流れでる、しみでる、ふきでる」等は、主体が非情物に限られるので、「を」をとることがない。

次に、同一の文脈で後項動詞の「でる」が「だす」に言い換えられるかどうかによって大別した (a) と (b) について考えてみる。

(a) の、言い換え可能なグループの語は、数が多く、よく使われる。

「流れ出た亜硫酸ガスはおそくまで周辺に漂った（＝流れだした）」（新聞）
「表土に黄色い結晶が浮き出て来た（＝浮きだしてきた）」（新聞）

(b) のグループには、「咲きでる」のような古めかしい語が多い。

なお、「抜きんでる」は、才能が「抜きんでている」のように常に状態の形で用いられる。「さしでる」も、「さしでた真似をする」のように名詞修飾の慣用的な形で用いられる。

【2】 表だった場への登場

この類は、ある表だった場やそこにいる人物の前に姿を現すことを示す。姿を現すまでの過程には重点が置かれていないので、起点を示す「から」は略されることが多い。単に登場を示す自動詞と登場の目的を示す他動詞がある。

- 自動詞：まかりでる、のさばりでる、しゃしゃりでる
- 他動詞：訴えでる、届けでる、願いでる、申しでる、名乗りでる

「秘書官が『大臣は次の予定がございますので』などとしゃしゃり出て、できるだけ大臣に話させまいとする」(新聞)

他動詞の類は、「〜するため、公的な場に出る」の意で、前項動詞が行動の目的を表す。

「児童からの連絡で先生が警察署へ届け出た結果、江戸時代の一分小判とわかり… (＝届けるため、出頭)」(新聞)

このような「出る」は、かなり抽象化した意味で用いられる場合もあり、必ずしも実際的な移動を伴わず、書面や電話、人を介して用件を「届けでたり」、「申しでたり」することもある。

「解約したい時は…電話でなく郵便で申し出る手もある」(新聞)

5.3 「〜だす」の複合動詞

「出す」の基本的意味は、「出る」と同様に「外部への移動」である。違いは、主体によって対象が移動させられることである。語彙的複合動詞の後項動詞として用いられる場合も、第一義的には、この「外部への移動」

の意味を持つ。それが転じて、出現や物事の顕在化を表すこともある。統語的複合動詞としては「動作や作用の開始」という意味を持ち、その働きは大きい。

次に「〜だす」の意味的役割を中心に分類し、まとめてみよう。

A　語彙的複合動詞

<table>
<tr><th>「〜だす」の複合動詞</th><th>自動詞か他動詞か</th><th colspan="2">意味特徴</th></tr>
<tr><td>(1–1)［自動詞］
場所[から]／場所 ［に／へ／まで／に向かって／に向けて］ 〜だす
場所　[を]　〜だす
穴の中から　外へ　這いだす
家　を　飛びだす</td><td>自＋だす＝自
他＋だす＝自</td><td rowspan="2">外部、前面、表面への移動</td><td rowspan="3">移　動</td></tr>
<tr><td>［他動詞］
場所[から]／場所 ［に／へ／まで／に向かって／に向けて］ 対象[を] 〜だす
山　から　町　へ　材木を運びだす</td><td>自＋だす＝他
他＋だす＝他</td></tr>
<tr><td>(1–2)
場所 ［に／へ／まで］ 人[を]　〜だす
警察　に　泥棒　を　突きだす</td><td>他＋だす＝他</td><td>表だった場への出現</td></tr>
<tr><td>(2–1)
対象　[を]　〜だす
足もと　を　照らしだす</td><td>他＋だす＝他</td><td>顕　現</td><td rowspan="3">顕在化</td></tr>
<tr><td>(2–2)
人　[が]　創作物[を]　〜だす
技術者が　製品　を　作りだす</td><td>他＋だす＝他</td><td>創　出</td></tr>
<tr><td>(2–3)
人 [が]　対象[を]　〜だす
刑事が　犯人　を　探しだす</td><td>他＋だす＝他</td><td>発　見</td></tr>
</table>

B　統語的複合動詞

〜だす 車が　動きだす 本を　読みだす	自＋だす＝自 他＋だす＝他	**開　始**

A　語彙的複合動詞

【1】　移　動

（1–1）外部、前面、表面への移動

外部、前面、表面への移動を表す語が最も多い。主体の移動を表すもの「自動詞」と対象の移動を表すもの「他動詞」に分けられる。

［自動詞］

この類の特徴は、「〜だす」が他動詞としての性質を失い、複合動詞全体が自動詞となることである。すでに「〜でる」のところで見たように、大部分の語は、共通の前項動詞につき、「でる」と「だす」の入れ換えが可能である。

「〜でる」と同様に、この類も、前項動詞の意味特徴によって分けてみる。すなわち、前項動詞に「外部への移動」の意が含まれているもの (1) と含まれていないもの (2) に分ける。次に、後項の「だす」の部分が「でる」と言い換えられるもの (a) と言い換えられぬもの (b) に分ける。この二つの観点からまとめたものが次頁の表である。

(a) に属する語の例

「テレビの前は仕事から抜け出したサラリーマンで黒山の人だかり（＝抜けでた）」（新聞）

「六価クロムを含む黄色い水がいまだに地中からしみ出していることがわかった（＝しみでている）」（新聞）

(b) に属する語の例

「低気圧は速いスピードで抜け、大陸の高気圧が張り出してくる（＊張りでてくる）」（新聞）

後項要素 / 前項要素	(a) 同一の文脈で「～だす」が「～でる」に言い換えられるもの	(b) 言い換えられぬもの
(1) 「外部への移動」の意を含むもの	沸きだす（＝沸きでる）、溢れだす、浮きだす、浮かびだす、にじみだす、ほとばしりだす、こぼれだす、漏れだす、萌えだす	
(2) 「外部への移動」の意を含まぬもの（移動の方法・様相を示すもの）	這いだす（＝這いでる）、転げだす、転がりだす、飛びだす、滑りだす、走りだす、漕ぎだす、にじりだす、流れだす、しみだす、溶けだす、ふきだす、突きだす、迷いだす、さ迷いだす、漂いだす、逃げだす、逃れだす、抜けだす、忍びだす、浮かれだす	張りだす、せりだす、駆けだす、（人が）繰りだす
(3) 接頭語等	はみだす（＝はみでる）	

(1) と (2) の違いについては、すでに「～でる」のところで述べたとおりである。すなわち、(1) では、「だす」は、前項動詞の意味を強調しており、(2) では、前項動詞が「だす」を修飾し、移動の方法や様相を示している。

[他動詞]

この類は、前項動詞の修飾関係により「方法、状態、目的、その他」に分けられる。

(1)　方法:「～することによって出す」

追いだす、送りだす、運びだす、連れだす、漕ぎだす、押しだす、引きだす、引きずりだす、引っぱりだす、たぐりだす、突きだす、つつきだす、踏みだす、投げだす、ほうりだす、ほっぽりだす、おっぽりだす、蹴りだす、叩きだす、搔きだす、搔いだす、流しだす、さらいだす、さらえだす、掃きだす、ふきだす、吸いだす、吐きだす、溶かしだす、振りだす、ほじくりだす、えぐりだす、刳りだす、掘りだす、切りだす、取りだす、掬いだす、汲みだす、釣りだす、拾いだす、しごきだす、絞りだす、こしだす、さらしだす、もみだす、透かしだす、彫りだす、繰りだす、抜きだす、選びだす、よりだす、請けだす、締めだす、いびりだす、いぶしだす、いぶりだす、誘いだす、おびきだす、呼びだす、導きだす、漏れだす ／ 焼けだされる

(2) 状態：「〜した状態で出す」

くわえだす、つまみだす、はさみだす、担ぎだす、抱えだす、持ちだす、積みだす

(3) 目的：「〜することすなわち外界に出す（開放、外部利用等）」

救いだす、助けだす、盗みだす、貸しだす、借りだす、払いだす、売りだす

(4) 分析不可能なもの

乗りだす、さしだす

次に、それぞれのグループについて考えてみる。

(1) 方 法

「後部の開き戸から、乱暴に担架を引きずり出すのが見えた（＝引きずって出す）」（大岡昇平『野火』）

「全身麻酔、気管切開し、先端に輪を作った針金ゾンデで玉をかき出して取り除いた（＝掻いて出して）」（新聞）

前項動詞は、体の部分を使う具体的動作を示すもの「投げる、蹴る、吸う」等、道具を使う動作を示すもの「掃く、掘る、彫る」等、言葉や身振りで相手を動かすもの「誘う、呼ぶ、導く」等が多い。

これらの動詞は、ほとんど反対方向の「こむ、いれる」とも結合する。

運びこむ、運びいれる ／ 投げこむ、投げいれる ／ 誘いこむ、誘いいれる

なお、「焼けだす」は、「人が〜で焼けだされる」と被害を受ける形で使われる。

「ほとんどが戦災で焼け出されて、もとの住所にはいない」（新聞）

(2) 状　態

「もみ合いの中から受験者がかつぎ出されて救急車に乗せられ…（＝かついだ状態で出され）」（新聞）

前項動詞は、対象を主体の身体の部分や、使用する用具類に接触させる動作である。(1) と同様に、これらの動詞は、ほとんど反対方向の「こむ、いれる」とも結合する。

担ぎこむ、担ぎいれる ／ 抱えこむ、抱えいれる ／ 積みこむ、積みいれる

(3) 目　的

「こうした動きにいち早く対応して“ニュー・フォーマル”を売り出しているのがデパート（＝売ること、すなわち世間に出している）」（新聞）

前項動詞は、対象の移動と共に何らかの社会に関係のある行動をなすこと（「救う、盗む、払う」等）を表している。後項動詞「だす」をとっても、文全体の意味は、あまり変らない。この点が (1)、(2) と異なるところである。

(4) 分析不可能なもの

「彦蔵はデッキから波止場を見つめた。小太りのハンクスが立っていた。彦蔵は身を乗り出し、手を激しく振った」（吉村昭『アメリカ彦蔵』）

「政府も事件の調査に乗り出した」（新聞）

「乗りだす」は、主体が自身を外部や前面に出す動作であるが、転じて、社会的行動に踏み切ることを表す場合は、「を」格の名詞が略される。

「さしだす」の「さす」は、接頭語で、ある意図をもって相手の前面に何かを出すことを強調する。

(1–2) 表だった場への出現

召しだす、突きだす、駆りだす・狩りだす

これらの語は、当事者の意志とは無関係に、人を表だった場に出すことを表している。

「自転車に乗って逃げようとした男がいたため、横浜・鶴見署に突きだした」（新聞）

「突きだす」は、警察に、「召しだす」は、古い時代の権力者の前にと、場が決まっている。「かりだす」場合は、場所のほかに仕事の場になることもある。

「殿下は革命の波に押し流され、頭を丸めて農作業にかり出されているという」（新聞）

これらの語は、対象が表だった場に現れることに重点が置かれているので、「どこから」という起点は、略される。

【2】 顕在化

この類の語は、対象を外部や表面に出現せしめ、人の目に触れさせることを表している。対象の空間的移動は伴わず、隠れていたものが覆いを取り除かれて姿を現す、無から有が生み出されるというように、出現の様相にはバラエティーがある。前項動詞の意味特徴によって「顕現、創出、発見」の三つに分けられる。文脈によっては、いずれともとれる場合があるが、一応基本的な意味を中心に分けてみた。

(2–1) 顕　現

暴きだす、さらけだす、むきだす、あぶりだす、削りだす、擦りだす、磨きだす、照らしだす、映しだす、とらえだす、煎じだす、煮だす、炊きだす、張りだす、書きだす、言いだす、示しだす、思いだす、(話を) 切りだす、(策を) 打ちだす

ここでいう顕現とは、対象がもともとそこにあって、人の知覚に触れないでいたものが、変化が加わり、見えたり聞こえたりするようになって、その存在が明らかになることである。前項動詞は、その潜在的な状態に変

化をもたらし、あらわにする方法を示している。覆っているものを除いたり（暴く、剥く、削る等）、光を当てたり（照らす、映す、あぶる等）、加熱したり（煎じる、煮る等）、言語活動や精神活動を通じて表したり（書く、言う、思う等）して対象を顕現せしめるのである。顕現の場は、格助詞「に」や「へ」で示されるが、その場は、限定されていることが多い。

「熔岩の赤熱が、薄い噴煙に反射して夜空に映し出される火映現象」（新聞）

映しだす場は、スクリーン、テレビの画面、空等背景になるものである。

「通りに面した六階に…長大な横幕が張り出された」（新聞）

張りだす場は、街頭、壁、掲示板等人目につく所である。

「（汁の中に）煎じだす」、「（その場に）話を切りだす」、「（心に）思いだす」等、顕現の場を示す必要もないほど明らかなものは、省略されることが多い。

なお、「むきだす」は、自動詞的な用法を持つことがあるが、それは、状態を表す場合に限られる。

「川は両岸からちょうど同じほどの距離にあるあたりが、土がむきだして州になっている」（島木健作『赤蛙』）

(2–2) 創　出

作りだす、こしらえだす、考えだす、生みだす、編みだす、織りだす、染めだす、刷りだす、刻みだす、描きだす、裁ちだす、ひねりだす、ひねくりだす、稼ぎだす、かもしだす

創出とは、人が何らかの手段で無の状態から対象を生じせしめることである。前項動詞は、その方法を示しており、創作活動、加工作業に関するものが主である。

「組の名を染めだした数本のマトイが風になびく」（新聞）

創出の場は、先の顕現の場合より一層限られている。「（紙に）刷りだす」、

「(布地に) 織りだす」、「(この世に) 生みだす」等であるが、通常は、これらの語も略されることが多い。

(2–3) 発　見

見いだす、見つけだす、捜しだす、探りだす、調べだす、聞きだす、尋ねだす、嗅ぎだす、洗いだす、割りだす

これらの語は、人が何らかの方法で求めていたものに行き当たり、その存在を明らかにすることを表している。奥田 (1970: 6) では、「見つける、見い出す」等を「発見動詞」と名づけている。前項動詞は、すでにこの「発見」の意味を有するもの「見つける」、発見までの過程を示すもの「捜す、探る、調べる」、発見の方法を示すもの「見る、聞く、嗅ぐ、洗う」等である。

発見の場は、格助詞「に」や「で」で示される。

「多婆国がどこにあったか、筆者はまだこれを出雲地方に探しだせないでいる」(新聞)

発見の場は、同時にそのきっかけを与える情報の出どころともなる。その場合は、「から」が用いられる。

「持参したカギに似た形のものを材料箱から探しだす…」(新聞)
「数年前に死んだ母の行動を、青年は主人から聞きだす」(新聞)

佐治 (1992: 213) に外国人学習者の興味深い誤用例がある。

*「木の棒をさがしつけて、また (もう) 一人の旅客とともに、その柱をかつぎだした…」

求めるものの存在をただ認知する場合は、次章「〜つける」のところで述べるように、感覚の働きを表す「見つける、聞きつける、嗅ぎつける」の形をとる。発見までの過程を示す「探す」は、発見の結果を示す「だす」と結合するのである。

B　統語的複合動詞

【3】 開　始

降りだす、冷えだす、泣きだす、笑いだす、動きだす、歌いだす、使いだす

開始のアスペクトを示す「だす」は、サ変動詞をはじめ、多くの動詞に接続するので、複合動詞の形で全て挙げるのは無理である。上に数例だけを挙げた。

「だす」は、動作・作用の開始を表すわけだから、結合する動詞は、「開始―継続―終了」の時間的経過を有する動詞、いわゆる継続動詞と言われているものとなる。ただし、瞬間動詞であっても、主体が複数であったり、動作・作用が繰り返される場合には、結合することがある。これは、吉川 (1976: 193) にあるように、「いくつかのある同じ動作・作用が適当なインターバルで時間の経過にそってならんだもの、これを一つの過程とみなすこと」ができるためである。

「近ごろ海水汚染のため、魚が死にだした (別々の主体による繰り返し)」

「車が古くなって、パンクしだしてきた (同一の主体による繰り返し)」

次に、類似の意味を持つ「～始める」と比較し、その相違点について考察してみよう。

先行研究では、すでに以下のような指摘がなされている。

- 寺村 (1969: 46)：～ハジメルと～ダスは多く同一の動詞に付き、意味も殆ど変らない (e.g. 雨が降りハジメタ：降りダシタ) が、～ダスのほうが自然現象を表わす色彩がより強い。
- 大阪外国語大学のテキスト (1973: 149)：This usually involves abruptness or suddenness . . .
- 森田 (1977: 274)：「～だす」は無の状態、現れていない状態のものがおのずと顕在化し、動作・状態の変化として形をなすという気分が強い。“開始” よりは “新たな事態の成立” の意識が強い。だから、人間の行為に使われても、意志性がない。「～始める」は継続する作用・動作の開始

意識が強い。

これらの研究をふまえ、考えをまとめてみよう。「出す」の基本的意味である「外部への移動」は、「開始」の場合にも意味の根底において引き継がれ、連続している。内部に込められていたものが、何かのきっかけからどっと外部に出て、ことが始まるという事態は容易に想像されることである。そこには、人為的な力の作用というよりは、内部からあふれた自然なエネルギーの流出が感じられる。実際のところ、「〜だす」が「外部への移動」なのか、「動きの開始」なのか区別のつきかねるような、中間的な性質を持つものもある。

- 「走って出て」か「走り始めて」か？

  「長池が四回、死球を左手に受けてバッタリ倒れたとき、阪急ベンチからはなんともいえない悲鳴がもれた…しかし、長池は元気に立ち上がり、一塁へ走り出してナインをホッとさせた」（新聞）

- 「にじんで出て」か「にじみ始めて」か？

  「幹の周りにナイフで斜めにキズをいれる。と、ミルク色の樹液がにじみ出し、キズ跡を伝って素焼きの容器にしたたり落ちる」（新聞）

上の例では、どちらの意味か決めかねるが、むしろ両方の意味を兼ねていると言ったほうがいいかもしれない。

前述の大阪外国語大学のテキストには、自然現象のうち、「泣く、笑う」には「だす」はつくが、「始める」はつかないと記されている。実例を見てみよう。

「自分はもしかすると、この娘に嫉妬しているのかと思い、馬鹿々々しいと瑞枝は笑い出したくなってきた」（林真理子『ロストワールド』）

確かにこのような心の動きに伴って不意に起こる現象は、「だす」のほうが適している。

次に、このような「自然性」や「突発性」を中心に用法上の相違点を考えてみよう。

(1)　感情の動きを表す次のような語は、「だす」のほうが適している。
　怒る（怒りだす、？怒り始める）、うろたえる、まごつく、ためらう、しょげる、照れる、はにかむ、めんくらう、あきれる、たまげる、気が滅入る、体が震える、苦しむ、痛がる、嫌がる

　これらの語は、「不意に、急に、何かの拍子に、ふとしたことで、そのとたんに」のような修飾句を伴って突発性が強調されることが多い。

(2)　不測性を強調する場合は、「だす」のほうが適している。感情の動きに関係がなくとも、次のような文脈では「～始める」に言い換えられない。（大阪外国語大学テキスト例から）

「今になって、立ち退かない、などと言い出されては困ります」
（＊言い始められては）
「何年も映画を見なくて、別に見たいとも思わなかったが、先週久しぶりに見てから、また行きたくなった。一度見だすと、つづけて見たくなるものだ」（＊見始めると）

　初めの例では、話し手の予測しなかった難題が不意に出たという意味合いが込められているし、次の例では、意図的に見る行為を始めたわけではなく、自然の勢いでついそうなったという感じが強い。
　なお、山崎（1995: 97）では、契機的な結びつきを表す従属節「～すると」は、「～だす」の形が多く、それは、開始というより出現、発生の意味合いが強いからだとの指摘がある。
　逆に、先に引用した森田（1977）の説のように、開始意識が強い場合は、「～始める」がふさわしい。

「希望とか夢というものは口にし始めたとたん、急に沸いてくるものなのだろうか」（林真理子『ロストワールド』）
「（彼は）充子の合図で（バイオリンを）弾き始めた」（高樹のぶ子『百年の預言』）

　佐治（1992: 267）にも、このような開始意識についての言及がある（用例下線筆者）。

「私はこの大長編小説を10月の中ごろに読み始めて、12月の末に読み終わった」
「ここから10時ぐらいに歩き始めれば、目的地には12時ごろに着くでしょう」
「日本では梅雨の雨は5月の下旬ごろに降り始め、7月のはじめごろまで続きます」

この3例では、「〜始める」のほうがふさわしく、次の例は、「〜だす」のほうがよいとある。

「急に空が曇ったかと思うと、にわかに雨が降りだした」

(3) 音の自然発生を表す場合は、「だす」のほうが適している。
電話が鳴る(鳴りだす、?鳴り始める)、おなかが鳴る、音が響く、音がとどろく、犬がほえる

(4) 「今にも〜しそうだ」という現実化の直前の様相を表す表現で、自然現象の場合は、「だす」のほうが適している。
今にも雨が降りだしそうだ:?雨が降り始めそうだ
今にも布が燃えだしそうだ:?布が燃え始めそうだ

(5) 表現上のニュアンスとして即興性やエネルギーの爆発等が強調される場合、「だす」のほうが用いられる。

「ぱっとライトがつくと、ヤリや刀を持った黒い男たちが力強く踊り出す——西アフリカのギニア国立アフリカ・バレー団来日公演の初日、観客は、みな圧倒される思いで舞台をみつめていた」(新聞)
「(芸人の)間に生まれた一人娘は、ラジオから三味線が聞こえれば、踊りだすような子だった」(新聞)

(6) 「〜だす」は意志的表現にそぐわない。
?早くやりだせ: 早くやり始めろ

？今すぐ読みだしたい：今すぐ読み始めたい
？今日中に論文を書きだしておこう：今日中に論文を書き始めておこう

その理由として今井 (1993: 6) に興味深い指摘がある。「〜だす」は、単なる起動ではなく、「話者の視点から見て知覚可能な形での事実の生起という意味をもつ」。すなわち、「知覚するだけであり、事態に対する制御力をもっていないため、命令・意志・使役の文脈であらわれにくい」というのである。

(7)　形態上の制限から前項動詞に「出す、始める」が来る場合は、同音反復を避ける。
音を出し始める (*出しだす)、車を押しだし始める (*押しだしだす)、店を始めだす (*始め始める)

筆者は、姫野 (1977: 89–91) において以上のような観点から「〜だす」と「〜始める」の相違点について述べたのであるが、今井 (1993: 9) において次のような批判を受けた。

① 「自然現象的な、突発的な、エネルギーの流出」は「出る」の基本義であって、「出す」の本義ではない。「〜始める」と置き換えができるのがなぜ、「〜でる」でなく、「〜だす」なのかという疑問に答えることができない。
② 「出す」の単独用法の意義と複合動詞後項の意義のつながりを十分明らかにしたとは言えない。

もっともな指摘であるので、この点について不十分ではあるが、最後に私見を述べておきたい。
まず ② から考えると、「出す」の単独用法は、意志的行動に関するものが多いが、次のような場合は、無意志的である。

「芽を出す、熱を出す、血を出す、火事を出す、つい大声を出す」

これは、新しい局面の発生という点で、「開始・起動」の後項動詞「〜だす」の用法に近いと考えられる。

次に ① の点に関してなぜ、「雨が降りでる」ではなく、「雨が降りだす」の形になるのかということについて、筆者の知るかぎりでは先行研究の中に明確な説明は見当たらない。ただ、関係がありそうなのは、次のような用法上の特徴である。すなわち、他の複合動詞にはない例として「〜でる」と「〜だす」の互換性が見られることである。先に述べたように、「流れだす」と「流れでる」のような類似性は、他の自他の対応をなす後項動詞類には見られない現象である。

これは、通時的に見れば、あるいは、説明がつくことかもしれない。筆者の専門外のことなので、辞典（小学館『日本国語大辞典』や『岩波古語辞典』）の資料による推測しかできないが、次のことに関係があるのではないだろうか。

	現代語：古語
[自動詞]	でる：いづ
[他動詞]	だす：いだす

- 古代に自動詞「いづ」の他動詞の用法が見られる。
  「言にいでて言はばゆゆしみ」（『万葉集』）
  「一万恒沙の宝をいづべき木なり」（『宇津保物語』）
- 自他ともに後項動詞としての用法も混在している。
  [自動詞] いづ　:「取りいづ、言ひいづ、染めいづ」等
  [他動詞] いだす:「歌いいだす、言ひいだす、眺めいだす」等

「いづ、いだす」の音が似ていることから、上のような混在的用法が古代から生じて、それが現在の「〜だす」の広範囲の使用をもたらしたと言えるのではないかと思われる。

5.4 まとめ

(1) 「〜でる」と「〜だす」の意味的対応

「〜でる」と「〜だす」の意味的対応を次頁にまとめる。

複合動詞の意味	「〜でる」(例)	「〜だす」(例)
[語彙的複合動詞]		
外部・前面・表面への移動	飛びでる	飛びだす
表だった場への出現	まかりでる	召しだす
顕在化(顕現)	――――	照らしだす
(創出)	――――	作りだす
(発見)	――――	見つけだす
態度表明	買ってでる	――――
[統語的複合動詞]		
開始	――――	降りだす

(2) 共通の前項動詞について

共通してつく前項動詞は、約 30 ある。それらは、すでに述べたように大部分が自動詞である。

沸きでる: 沸きだす、流れでる: 流れだす、飛びでる: 飛びだす等

(3) 前項動詞の自他の対応について

「でる」と「だす」の結合する前項動詞のうち、自動詞と他動詞の対応が見られるのは、次の 2 語である。

生まれでる: 生みだす、溶けでる: 溶かしだす

第6章

「〜つく」と「〜つける」

6.1 「〜つく」と「〜つける」の複合語

この二つの後項動詞は、造語力が強く、多くの複合語を形成する。構成要素から見ると、次のように分けられる。

(1)	名詞＋	つく	（例）傷つく、元気づく
		つける	傷つける、位置づける
(2)	音象徴語＋	つく	うろつく
(3)	動詞＋	つく	飛びつく
		つける	投げつける
(4)	形容詞＋	つく	近づく（1語のみ）
		つける	近づける（1語のみ）

形容詞と結合するのは、1語だけなので、それは省略するとして、(1)と(2)について簡単に見ておきたい。

(1)のように名詞と結合する場合は、「〜づく」、「〜づける」と濁音に変わることが多い。ただし、名詞の最後の音節が濁音の場合は、清音のままである（「きずつく、きずつける」等）。

意味構成としては、ほとんどが「傷つく → 傷がつく」、「傷つける → 傷をつける」と言い換えられる。大修館書店の北原保雄編『日本語逆引き辞典』(1990)によると、「〜つく」は、26語であるが、辞典にない「勢いづく」も加えると、27語になる。「〜つける」は、14語（そのほか、辞典にない「[意義／秩序／特徴]づける」も加えると、17語）になる。

(2) のように音象徴語いわゆる擬声語、擬態語の語基と結合する場合は、次の条件を持つものに限られる。

- 音象徴語は、4 音節であって、2 音節の繰り返し音（畳語構造）を持つもの
- 「する」と結合し得るもの
- どちらかと言えば、マイナスの評価（良くない感じ）を持つもの

（例） うろうろする → うろつく　　むかむかする → むかつく
　　　ぐずぐずする → ぐずつく　　ざわざわする → ざわつく
　　　ぐらぐらする → ぐらつく　　じとじとする → じとつく
　　　ざらざらする → ざらつく　　ねばねばする → ねばつく
　　　ふらふらする → ふらつく　　べとべとする → べとつく
　　　ぱさぱさする → ぱさつく　　まごまごする → まごつく
　　　ひりひりする → ひりつく　　びくびくする → びくつく
　　　もたもたする → もたつく　　だぶだぶする → だぶつく

『日本語逆引き辞典』では、この類が 49 語挙げてある。

6.2 「〜つく」の複合動詞

自立語の「つく」は、漢字では「付く、着く、就く」となるが、いずれも何かに接触、接着する意味を含み、対象は、格助詞「に」（時として「へ」）で示される。語彙的複合動詞を構成する場合、この「に」をとるかどうかによって大きく二つに分かれる。それは、自立語「つく」の本義がどの程度残っているかという点にもかかわることである。

次頁の表は、複合動詞を助詞や「〜つく」の意味によって分類したものである。

次に、表の各項目に属する動詞について考える。

【1】「に」をとるもの

(1–1)　場所への到着

行きつく、帰りつく、のぼりつく、走りつく、泳ぎつく、流れつく、辿りつく

【1】「に」をとるもの

「〜つく」の複合動詞	自動詞か他動詞か	意味特徴
(1–1) **場所** [**に** / **へ** / **まで**] **〜つく** 頂上 に たどりつく	自＋つく＝自	**場所への到着**
(1–2) **場所** [**に** / **へ**] **〜つく** 家 に 住みつく	自＋つく＝自	**場所への定着**
(1–3) **対象** [**に** / **へ** / **と**] **〜つく** 壁 に はりつく 相手 に／と 結びつく	自＋つく＝自 他＋つく＝自	**対象への接触・密着**
(1–4) **対象** [**に** / **へ** / **に向かって**] **〜つく** 親 に 抱きつく 枝 に向かって 飛びつく	自＋つく＝自 他＋つく＝自	**対象への指向**

【2】「に」をとらぬもの

(2–1) **〜つく** 子供が 寝つく	自＋つく＝自	**状態の完全化** **（自然現象）**
(2–2) [**を** / **と**] **思いつく** / **考えつく** いいこと を 思いつく 道具を作ろう と 考えつく	他＋つく＝他	**着　想**
(2–3) **状態** [**が**] **落ちつく** 気分 が 落ちつく	自＋つく＝自	

「ようやく一日を終えて家に帰りつくと、夫はハンバーガーですでに夕食をすませていた」（新聞）

「ピノキオは走って走ってやっと一けんの家の戸口にたどりつきました」（教科書）

前項動詞は、「行く、帰る、のぼる」と到着までを含むものと、「走る、泳ぐ、流れる」等、移動の様相を表すものである。前者は、文の中で「帰りつく → 帰る」と言い換えても意味が通じるが、「やっと」という帰着までの苦労のニュアンスが失われる。後者は、「走りつく → 走ってつく」と言い換えられる。前項動詞が「つく」を修飾しているこの類は、自立語「つく」の意味をそのまま保持していると見てよいだろう。

(1–2) 場所への定着

居つく、住みつく、寄りつく、(場所に) 落ちつく ／ ありつく

「果たして人類の祖先が日本列島に住みついたのはいつか」(新聞)

「勿論、洋子は、私のところへ、一切寄りつこうとはしない」(源氏鶏太『御身』)

この類の複合動詞は、ある経過を経たのち、どこかから来て、目的地 (あるいは目的物) について、そこにとどまる、あるいは馴れ親しむことを表す。したがって、「生まれてからずっとここに住んでいる」とは言えるが、「生まれてからずっとここに住みついている」というのは不自然である。語構成から見ると、「住みつく → 住んで、離れずにそこについている」となる。「落ちつく、ありつく」は、特殊で、一語化しており、分けられない。

宮島 (1972: 28, 682) によれば、「寄りつく」は、否定の形で使われることが多く、「ありつく」の助詞「に」の前に来る名詞は、食べ物や職など生活に必要なものが多いということである。この類は、(1–1) ほどではないが、自立語「つく」の意味がやはり残っていると考えられる。

(1–3) 対象への接触・密着

粘りつく、焼きつく、巻きつく、絡まりつく、絡みつく、はりつく、染みつく、へばりつく、結びつく、(火が布に) 燃えつく、(水滴が機体に) 凍りつく、(米粒が鍋底に) 焦げつく、こびりつく ／ ひっつく、くっつく

「冷たい氷の綿が体にねばりつくように感じた」(教科書)

「額に貼りついた濡れた髪…」(高橋昌男『饗宴』)

「粘りつく → 粘ってつく」「へばりつく → へばるようにしてつく」のように前項動詞は、付着の様相を示している。「ひっつく、くっつく」は、前項動詞が接頭語化していて、分けられないが、「つく」に比べて、俗語的な感じを与える。この類は、文の中で「つく」と言い換えても、意味が通じるので、自立語の本義をそのまま保持している。

格支配については特殊な形をとることがある。

- 自他について:
  (他動詞) ～を [焼く／巻く／はる／結ぶ] ＋つく＝(自動詞) ～が～つく
- 「に」について: 本来格助詞「に」をとらぬものが後項動詞「つく」の影響で、複合動詞全体が「に」をとるようになるもの
  [焼く／燃える／凍る／焦げる] ＋つく＝～に～つく
  これらは、本来「付着」を意義素に含まぬ動詞の類である。
- 「と」について: 前項動詞のとる格助詞「と」が複合動詞全体のとる格助詞になるもの
  ～と結ぶ＋つく＝～と結びつく
  一語化しているが、「くっつく、ひっつく」も「と」をとることがある。

(1–4) 対象への指向

飛びつく、追いつく (おっつく)、噛みつく、食いつく、食らいつく、しゃぶりつく、しがみつく、吸いつく、かぶりつく、とりつく (とっつく)、組みつく、かじりつく、抱きつく、すがりつく、まといつく、まつわりつく、まとわりつく、泣きつく、ほえつく、じゃれつく、むしゃぶりつく

「(子犬が) 息子の腕に二本の前足でしがみついて後ろ足でキックを連発したり、息子の鼻にパクッと噛みついたりするようになる…」
(保坂和志『もうひとつの季節』)

「一羽のがんがおじいさんに飛びついてきた」(教科書)

この類は、主体がある距離を経て、対象にしっかりと「つく」ことを表す。例えば、「自分の唇を噛む」、「自分の手を組む」場合は、「噛みつく」、「組みつく」とは言えない。接着の対象は、動作主体の外部になければなら

ないからである。

「泣きつく、ほえつく」のように対象への指向のみを表し、実際的な接触を伴わぬ場合もある。なお、「追いつく」だけは、対象も主体も同方向に動いていることが前提とされる。

「飛びつく → 飛んで（対象に）つく」、「抱きつく →（対象を）抱いて、（対象に）しっかりとつく」のように前項動詞は、対象への接着の様相を示している。対象に「つく」からには、主体が体全体で動きを起こす場合は、主体の大きさが対象と同じか、それより小さいことが前提とされる。

母親が赤ん坊を抱く：？母親が赤ん坊に抱きつく　母親>赤ん坊

「しがみつく、組みつく、すがりつく、じゃれつく、むしゃぶりつく、まといつく、まつわりつく、まとわりつく」等も同類である。

「つく」が本来「接触」を意義素の中に持つ前項動詞と結合した場合は、「離れまい／離すまい」という主体の強い意志や執着心から来る接着度の強さを示すことになる。

煙草を吸う：？煙草に吸いつく：赤ん坊が母親の乳房に吸いつく
ガムを嚙む：？ガムに嚙みつく：犬が足に嚙みつく

（1–3）と同様に格支配については特殊な形をとることがある。

- 自他について：
  （他動詞）～を［追う／嚙む／食う／食らう／しゃぶる／しがむ／吸う／かぶる／とる／組む／かじる／抱く／まとう］＋つく＝（自動詞）～が～つく
- 「に」について：本来格助詞「に」をとらぬ動詞が後項動詞「つく」の影響で、複合動詞全体が「に」をとるようになるもの
  上の他動詞の類のほかに、自動詞では次のようなものがある。
  ［飛ぶ／泣く／ほえる］＋つく＝～に～つく

生成文法から見たこのような「つく」の特質については、影山（1993: 123–125）に説明がある。

【2】「に」をとらぬもの

(2–1) 状態の完全化 (自然現象)

寝つく、病みつく、患いつく、燃えつく、焼けつく、焦げつく、凍りつく、いてつく、錆びつく

「冬じゅうは、ぬまも川もかたくこおりついている」(教科書)

「この日、都内の最高気温は、34.4 度。焼け付く路上で男性が汗をぬぐいながら働いている」(新聞)

この類の前項動詞は、自然現象を表しており、「つく」は、その状態に完全に入ることを示す。その始まりの部分について言う場合と状態が昂じてひどい程度になっていることを言う場合がある。

子供がやっと寝ついた。→ 子供がやっと眠りの状態に入った。

祖父が寝ついてしまった。→ 祖父が (病気で) 長く寝るというひどい状態に至った。

「燃える」と「焼ける」という類義語では興味深い現象が見られる。

火が燃えつく。→ 火が燃え始める。

エンジンが焼けつく。→ エンジンが完全に焼けてしまう。

この違いは、柴田 (1976: 275) に指摘されているように、「燃える」が「継続相」で、「焼ける」が「終結相」という特質を持っていることによるものと思われる。いずれにしても状態が昂じた場合の「つく」は、全てマイナス評価となる。

(2–2) 着 想

「なぜそれを考えつかなかったんだろう」(教科書)

「かこちゃんはそれを見ていいことを思いつきました」(教科書)

この 2 語は、思ったり考えたりして、いいアイデアに (辿り) つくことを表す。プラス評価を伴う言葉である。

(2–3) 状態 [が] 落ちつく

「世の中がおちつくにしたがって、学生の数はどんどんふえていった」
(教科書)

一語化して構成要素に分析できない類である。
このほか、上の分類には入らない、特定の言い方に限られる語がある。

生まれつく：生まれついてから、生まれつき
ふるいつく：ふるいつきたい [ような／ほどの] (美人)
似つく　　：似ても似つかない

6.3 「〜つける」の複合動詞

「〜つける」の複合動詞の大部分は、意志的行為を表すものである。その意味用法は、大きく二つに分かれる。一つは、語彙的複合動詞である。自立語「つける」の本義「接着、密着」を何らかの形で含むものであり、その上に、「中途半端ではなく、動作をしっかり完全に行う」というニュアンスを伴う。「〜つく」と同様に、格助詞「に」をとるかどうかによって二つに分かれる。

もう一つは、統語的複合動詞で、習慣を表すものである。これは、国広(1970: 165) によると「習慣的な連続を意味している」。長期的に見れば、一定の状況への絶えざる「接触」ともとれるので、「つける」の本義がある程度生きているとも考えられる。111〜112 頁の表で、意味と用法による分類を試みる。

次に、各項目に属する動詞について考える。

6.4 接着・密着を表す「〜つける」

【1】「に」をとるもの

(1–1) 場所への到着

駆けつける、はせつける、乗りつける、漕ぎつける

A 語彙的複合動詞

【1】「に」をとるもの

<table>
<tr><th>「～つける」の複合動詞</th><th>自動詞か他動詞か</th><th colspan="2">意味特徴</th></tr>
<tr><td>(1–1)
場所 [に / へ / まで] (乗り物)を ～つける
現場 に 駆けつける
現場 に 車を 乗りつける</td><td>自＋つける＝自
他＋つける＝自
自＋つける＝他</td><td colspan="2">場所への到着</td></tr>
<tr><td>(1–2)
対象 [に / へ / と] 物を ～つける
壁 に 板を 打ちつける
鎖 と 紐を 結びつける</td><td>他＋つける＝他</td><td colspan="2">対象への
接着・密着</td></tr>
<tr><td>(1–3–1)
対象 [に / へ / に向かって / をめがけて] 物を ～つける
相手 に 皿を 投げつける</td><td rowspan="3">他＋つける＝他</td><td>物理的接触</td><td rowspan="3">対象への指向―完全な接触を目指す―</td></tr>
<tr><td>(1–3–2)
人 [に / へ / に向かって / に対して / から] ～を ～つける
子供 に 用を 言いつける
農家 から 米を 買いつける</td><td>対人行為接触</td></tr>
<tr><td>(1–3–3)
場所 [に / へ / まで] 人を ～つける
自宅 に 部下を呼びつける</td><td>主体者近接</td></tr>
<tr><td>(1–4)
対象 [に / へ / に向かって] ～つける
道路 に 照りつける</td><td>自＋つける＝自
他＋つける＝他</td><td colspan="2">対象への強度の
接触指向</td></tr>
</table>

【2】「に」をとらぬもの

<table>
<tr><td>(2–1–1)
対象　［を］　**〜つける**
馬　を　押さえつける</td><td rowspan="2">他＋つける＝他</td><td>**物理的接触**</td><td rowspan="2">**強調**</td></tr>
<tr><td>(2–1–2)
人　［を］　**〜つける**
子供　を　しかりつける</td><td>**対人行為接触**</td></tr>
<tr><td>(2–2) **情報**　［を］　**〜つける**
秘密　を　かぎつける</td><td>他＋つける＝他</td><td colspan="2">**対象の捕捉**</td></tr>
<tr><td>(2–3) **対象**　［を］　**〜つける**
木　を　燃しつける</td><td>他＋つける＝他</td><td colspan="2">**状態移行**</td></tr>
<tr><td>(2–4) 決めつける</td><td></td><td colspan="2">**その他**</td></tr>
</table>

B　統語的複合動詞

<table>
<tr><td>**［意志的動作を表す動詞］＋**
つける
辛い物　を　食べつけている</td><td>他＋つける＝他
自＋つける＝自</td><td>**習　慣**</td></tr>
</table>

「知らせを聞いて姉の夫が（下宿に）かけつけてきた」（教科書）
「ガソリン・スタンドへ車を乗りつけても、なんのサービスもない」（新聞）

語構成の上からは、「駆けつける → 駆けて（その場に）つく」と考えられるが、比喩的に用いられることが多い。実際に人が駆けていくのではなく、「飛行機や車で駆けつける」場合もあるわけで、「駆けて行くような、一刻も早くという思いで」と解せられる。この類の動詞は、このような緊迫感や大げさな感じを伴う（この点で先に述べた「走りつく」とは対照的である）。「乗りつける」も、「子供が玄関先に三輪車を乗りつける」などとはふつう言わないことからも分かるように、主体者の何らかの意図を含む場合が多い。なお、現代語では「漕ぎつける」は、比喩的に「努力の末、やっと目標達成に到る」の意味で用いられ、「に」の前に来る名詞は、「調印、停戦、開館」等「する」を伴う動作性のものが多い。

(1–2) 対象への接着・密着

(a) 前項動詞が格助詞「に」をとるもの

綴じつける、止めつける、巻きつける、絡みつける、くくりつける、貼りつける、打ちつける、縛りつける、結わえつける、結わいつける、結びつける、こすりつける、なすりつける、まぶしつける、塗りつける、はたきつける、染めつける、刻みつける、彫りつける、書きつける、着せつける、飾りつける、据えつける、備えつける、植えつける、盛りつける、生みつける、作りつける

(b) 前項動詞が格助詞「に」をとらぬもの

編みつける、縫いつける、まつりつける、すりつける、こねつける、焼きつける、吹きつける、割りつける、燃しつける、燃やしつける、たきつける

(c) 前項動詞が接頭辞化しているもの

くっつける、ひっつける、さしつける、とりつける、こじつける

「モンシロチョウは、キャベツやダイコンなどの葉にたまごをうみつけます」(教科書)

「(看護婦は)脈を計り、表に書き付けると、…軽い会釈をして出て行った」(瀬戸内寂聴『いよよ華やぐ』)

このグループは、「つける」の本義が最も強く生きているので、数の上でも多い。

(a) の類は、前項動詞にすでに「接着・設置」の意味が含まれている。「つける」がつくことによって「しっかりと何かをその場所に固着する」という主体者の意志が強調される。

(b) の類は、前項動詞に「接着・設置」の意味が含まれていないが、その方法や様相を示している。

なお、「結びつける」、「くっつける」、「ひっつける」は、格助詞「と」をとることもある。その場合は対等のもの同士の接着に重点が置かれる。

(1–3) 対象への指向（完全な接触を目指す）

(1–3–1) 物理的接触

投げつける、ほうりつける、（土に羽を）打ちつける、（地面に体を）たたきつける、吐きつける、吸いつける、押しつける、おっつける、引きつける、突きつける、（相手に刀を）切りつける

「竹の所にいねのほ先を力いっぱい打ちつけてもみを落としたのです」（教科書）

「子ぐまをめがけてくるみの実を投げつけたのです」（教科書）

この類は、（1–2）と違って「つけてとめておく」という結果は残らない。格助詞「に」は、動作の向かう対象や目標を示している。「そっと、静かに投げつける」などの表現はそぐわない。「ぐいぐい押しつける」、「ぐっと引きつける」、「激しくたたきつける」など強さを表す修飾語を伴うことが多い。「つける」は、動きの強さ、速さ、動作主の攻撃性を含むのである。例えば、次の例にそれが見られる。

投手が捕手に球を投げる　　？投手が捕手に球を投げつける
怒った観衆が選手に物を投げつける

このグループの前項動詞は、指向性が強いので「上げる、出す、込む、入れる」等の動詞とも結合して、複合動詞を構成する。

(1–3–2) 対人行為接触

言いつける、仰せつける、申しつける、売りつける、送りつける、見せつける、貸しつける、説きつける、振りつける、買いつける、受けつける、とりつける ／ あてつける

「あの人に（布を）売りつける気でいるのだな」（教科書）

この類は、社会的な行為を表しており、格助詞「に」は、その行為の相手を示す。「つける」は、強調を表し、相手の意向にかまわず、一方的に行為がなされるというニュアンスを含む。

部下に用件を言う　　（単なる伝達）
部下に用件を言いつける　（命令）

{ 係官に書類を見せる　　　（単なる提示）
{ 仲間に宝石を見せつける　（誇示）

ただし、「買う、受ける、とる」は、逆に主体者が受け手になるので、「外国から原料を買いつける」のように「から」で出どころが示される。そして、一方的な行為というニュアンスは含まない。

「あてつける」は一語化しており、分析できない。

(1–3–3)　主体者近接

呼びつける、寄せつける

「レースはベイがスタートからとび出し…バックストレートまでは他の選手を寄せつけなかった」（新聞）

この2語も、前グループの「買いつける」等と同様に主体者が指向先になるので、「に」が省略されることがある。宮島（1972: 682）の指摘どおり、「寄せつける」は、「寄りつく」と同様に否定的文脈で使われることが多い。

(1–4)　対象への強度の接触指向

照りつける、照らしつける、吹きつける

「砂丘は日光が強く照りつけるので、砂に水分が少ない」（教科書）

これら自然現象を表す語は、「カンカン、ジリジリ照りつける」、「ビュービュー、横なぐりに吹きつける」等に見られるように強さや勢いを示す修飾語を伴うことが多い。この「つける」は、唯一無意志的であり、強調の役目を果たしている。

【2】「に」をとらぬもの

(2–1)　強　調

(2–1–1)　物理的接触

踏みつける、ふんづける、押さえつける、はさみつける、はねつける、締めつける、なぐりつける、けりつける、撫でつける、撫ぜつける、解きつける、煎りつける、煮つける

「（横綱は）石だたみを強く踏みつけ、覚えたばかりの雲竜型の土俵入

りを奉納した」(新聞)

「野菜がやわらかく、汁が煮つまる寸前まで煮て鶏肉を加え、いりつける」(新聞)

「つける」は、動作を強調し、その動作がいい加減ではなく、完全に行われることを示している。また、次のような動作では力を加えて対象に強く接触することをも含んでいるので、*の印の文の場合は、不自然になる。

{ 「石だたみを踏みつける」:足と石だたみの強い接触
*「自転車のペダルを踏みつける」(乗っている時)

{ 「手で犬を押さえつける」:手と犬と地面の強い接触
*「痛む腹を押さえつける」(腹痛の時)

{ 「手で髪の毛を撫でつける」:手と髪の毛と地肌の強い接触
*「子供の頭を撫でつける」(ほめる時)

(2–1–2) 対人行為接触

怒りつける、おどしつける、おどかしつける、しかりつける、どやしつける、にらみつける、ねめつける、どなりつける、けなしつける、責めつける、痛めつける、構いつける、やっつける / 寝かせつける、寝かしつける

「じいさんを正面からにらみつけた」(教科書)

この類は、相手に何かをしかける行為で、直接の接触はなくとも、相手への心理的圧力は含んでおり、「つける」がその意味を付加している。それは、次の例を比較することでも明らかであろう。

冗談半分にしかる : ?冗談半分にしかりつける
軽くにらむ : ?軽くにらみつける
ちょっとどなる : ?ちょっとどなりつける
子供を寝かせつける : ?重病人を寝かせつける

(2–2) 対象の捕捉

嗅ぎつける、聞きつける、見つける

「その人は声を聞きつけて上の方をながめ、びっくりした」(教科書)

この3語の前項動詞は、感覚の働きを表している。「つける」は、嗅いだり聞いたりして探していた何かを認知することを示している。

花の匂を嗅ぐ　：？花の匂を嗅ぎつける　：秘密を嗅ぎつける
講義を聞く　：？講義を聞きつける　：噂を聞きつける
空を見る　：？空を見つける　：宝物を見つける

(2–3) 状態移行

燃しつける、燃やしつける、たきつける

この3語の前項動詞は、燃焼に関する語である。「燃しつける」は、火をつけて物を燃すようにすると解せられ、そのような現象への移行開始を表している。

(2–4) その他

(a) 対象 [を] 別物 [と] 決めつける

「いくつかの新聞の県版は自殺の動機を"ノイローゼ"と決めつけた」(雑誌)

「つける」は、疑わしいにもかかわらず、一方的に自分で決めてしまって動かないという行為の強調を表す。

(b) 心／気分／腰など [を] 落ちつける

「(彼は) カラー写真集をとってきて眼鏡をかけ、ソファーに腰を落ちつけた」(高橋昌男『饗宴』)

自動詞「落ちつく」と同様、一語化していて、分析できない。

6.5 習慣を表す「〜つける」

行きつける、使いつける、やりつける、飲みつける、食べつける、読みつける、持ちつける、履きつける、乗りつける、運転しつける等

「乗りもの酔いは精神的なものと相当関係があるので乗りものに…乗りつけると、慣れてこわがらなくなる…」(新聞)

よく使われる語を例に挙げたが、この「～つける」は、影山 (1993) のいう統語部門に属し、サ変動詞とも結合するので、まだほかにもいろいろある。

「つける」は、何度もその行為を繰り返して慣れている、なじんでいることを表す。前項動詞は、繰り返しのきく意志的行動で、日常生活に関係のある語が多い。人生において一度限りと (通常は) されている「結婚する」や「死ぬ」等、同一の対象については繰り返しを前提としない行為「知る」、「愛する」等には結合しない。類似の表現に「～慣れる」がある。大部分は言い換えられるが、次の場合は、できない。

{ 住み慣れる
{ *住みつける: 同一の場所に繰り返し住むことは通常はない

{ *この医者にかかり慣れている:「慣れる」にはなじむことへのプラス評価を伴う。医療行為にはそぐわない
{ この医者にかかりつけている: 特に評価なし

{ 複雑な道具でも、時間がたてば、使い慣れるだろう。
{ *複雑な道具でも、時間がたてば、使いつけるだろう。

「～つける」は、アスペクトの様相を帯びており、述語として終止法にたつ時は、常に持続態「～ている」の形で用いられる。すなわち、繰り返しによる結果の「なじみ」の状態を表すものだから、上のような「時間がたてば、使いつけるだろう」という表現はできない。なお、森田 (1977: 362) と影山 (1993: 158) に「～慣れる」との比較について言及がある。

6.6 まとめ

(1) 語彙的複合動詞の場合、「つく」、「つける」と結合する前項動詞の意味的特徴は、「接近、接触、結合」を含むものが多いことである。当然のことながら、逆の「隔離、分散、消滅」の類の意を含む動詞とは結合しない。

(2) 「～つく」と「～つける」の間には一応の意味的対応が見られる。

複合動詞の意味	「〜つく」（例）	「〜つける」（例）
[語彙的複合動詞]		
到着	走りつく	駆けつける
接触・密着	貼りつく	貼りつける
指向	飛びつく	投げつける
状態開始	燃えつく	燃しつける
対象の補捉	思いつく	聞きつける
定着	住みつく	―――
	落ちつく	落ちつける
強調	―――	しかりつける
[統語的複合動詞]		
習慣	―――	使いつける

(3) 「〜つく」と「〜つける」の両方に共通する前項動詞は、音便形も含め、10語である。

絡みつく：絡みつける、焼きつく：焼きつける、くっつく：くっつける、とりつく：とりつける、張りつく：張りつける、ひっつく：ひっつける、巻きつく：巻きつける、落ちつく：落ちつける、結びつく：結びつける、吸いつく：吸いつける

(4) 「〜つく」、「〜つける」と結合する前項動詞の間で同根の自動詞、他動詞の対応が見られるのは、次の語である。

寄りつく：寄せつける、焼けつく：焼きつける、寝つく：寝かせつける、燃えつく：燃やしつける、絡まりつく：絡みつける

(5) 「つく」は、自動詞と結合することが多く、他動詞と結合する場合でも（「巻きつく」、「追いつく」等約15語）、複合動詞全体は、自動詞になる。目的の格助詞「を」をとるのは、「思いつく」と「考えつく」だけである。

(6) 語彙的複合動詞の「〜つける」は、ほとんど他動詞と結合する。

第7章

「～かかる」と「～かける」

7.1 「～かかる」と「～かける」の複合語

「かかる」と「かける」を後要素に含む複合語として次のような語が考えられる。

(1)	名詞＋	かかる	(例) 緑がかる	時代がかる
		かける	心がける	腰かける
(2)	動詞「て」形＋かかる		食ってかかる	
(3)	動詞連用形＋	かかる	飛びかかる	死にかかる
		かける	振りかける	死にかける

(1) のように名詞と結合する場合は、「～がかる」、「～がける」とほとんど濁音に変わる。意味構成としては「緑がかる→緑の色が (元の色の上に) かかる」と解せられる。森田 (1977: 153) にあるように、「ある状態に変化・移行することで…接尾語として“そのような性質を帯びる”の意を添える働き」である。他動詞「かける」は、「心がける→心にかける、腰かける→腰をかける」というように慣用句が一語化している。『日本語逆引き辞典』によると、「～かかる」は、「[時代／芝居／不良／神／下] がかる」の5語であるが、辞典にない「緑がかる、赤味がかる、黒味がかる」等の色彩語や「左がかる」等も加えると、約10語程度になる。「～かける」は、今のところ辞典にある「腰かける、[心／手／目] がける」の4語しか思い浮かばない。

(2) の動詞「て」形と結合するものは、「買って出る、言ってのける」等と並んで慣用的な言い回しとして使われる。これについては第1章で触れたとおりである。

(3) の複合動詞を構成する場合は、国立国語研究所の調査 (1987) によれば、後項動詞の中で「～かける」は、236語で、第4位、「～かかる」は、90語で、第13位である。このように造語力が強いわけは、次に見るように、アスペクト「始動」の意味を持つことによるのであるが、「かかる」と「かける」は、自立語として幅広く用いられる語であって、その意味・用法も多岐にわたっている。『学研国語大辞典』(第1版) を見ると、その意味の記述は、「かかる」が34項目、「かける」が40項目にもわたっている。漢字で表すと、「掛かる、係る、懸かる、罹る」等である。これらの語が後項動詞として働く場合の意味・用法は、対象に向かって何らかの動作・作用を及ぼすという共通点が見られる。これを「指向」と呼ぶことにし、第2節と第3節で詳しい分類を試みる。次に、動作・作用の始まり、あるいはその寸前の状態を表す動きがあるが、これを「始動」と呼んで一括し、第4節で取り上げる。

問題は、同じ語形の場合に、「指向」か「始動」か、判別しにくいことである。例えば、次の用例を見てみよう。

「弟は腰を下ろして嬉しそうに咲子に笑いかけた」(源氏鶏太『御身』)
「二人とも笑いかけたが、耳の奥がピリピリと響いたので、声を抑えた」(有吉佐和子『木瓜の花』)

初めの例は、「弟が咲子に向かって笑った」という意味で、「かける」は、対象に対する行為の指向性を示している。この場合は、ふつう対象を表す格助詞「に」を伴う。後の例は、「二人とも笑いそうになったが (あるいは、ちょっと笑ったが途中で) やめた」という意味で、「かける」は、「笑う」という行為について「始動」のアスペクトを表している。この「かける」は、接辞化しているので、「指向」を表す場合と違って特別な格助詞はとらず、前項動詞のとる格助詞がそのまま複合動詞全体の助詞となる。「笑う」という行為の意味内容も、前者の「人に笑いかける」場合は、相手への何らかの意志伝達が含まれるが、後者の「笑う」は、「おかしい」という感情の発露にすぎないというように、「かける」の意味に応じて異なってくるのである。

「～かかる」と「～かける」は、始動を表すものとして広く用いられているのであるが、共通の動詞群に結合し（「かかる」のつくものは、全て「かける」もつく。しかし、その逆は成立しない）、サ変動詞とも結びつく。両者の間に用法上の差異が見られるかどうか、また他の始動を表す「～始める」や「～だす」とどのような違いがあるかといった点についても第４節で考えたいと思う。

7.2 指向を表す「～かかる」

ここでは、対象に向かって何らかの動作・作用を及ぼすという指向性を持つ「～かかる」を取り上げる。これは、語彙的複合動詞である。その対象の種類、波及作用の様相等は、前項動詞の意義特徴と「かかる」の本義が呼応し合って、さまざまな形を呈する。それぞれの形態について分類し、意味や用法を考える。

「～かかる」は、二つのグループに分けられる。主体が対象に向かって行き、接触する場合と、主体が移動中に何事かに遭遇し、かかわりを生ずる場合である。それぞれについてまとめたのが次の表である。

「～かかる」の複合動詞	自動詞か他動詞か	意味特徴	
【1】 対象 ［に／へ／に向かって］ ～かかる (1–1) 頭上 に 散りかかる	自＋かかる＝自	落下接触	接触
(1–2) 壁 に 寄りかかる	自＋かかる＝自	依拠接触	
(1–3) 人 に 襲いかかる	自＋かかる＝自 他＋かかる＝自	志向接触	
【2】 場所 ［に／へ／を］ ～かかる 人が 店の前 を 通りかかる	自＋かかる＝自	通過遭遇	

次に、各項目に属する複合動詞について考える。

【1】 接 触

このグループは、対象への向かい方によってさらに三分される。すなわち、下方の対象に向かう場合（(1–1) 落下接触)、支えとして対象に向かう場合（(1–2) 依拠接触)、ある意図をもって対象に向かう場合（(1–3) 志向接触）である。

(1–1) 落下接触

散りかかる、降りかかる、落ちかかる、垂れかかる、崩れかかる、こごみかかる、倒れかかる、かぶさりかかる

「そのとたん、四・五ケースのビニールケースが（トラックの積み荷から）グループの先頭に落ちかかってきた」（新聞）

「なお降り止む気配のない雪が、私たちの手にさげている重い大きなビニール包みにも、見る見る散りかかって来る」（新聞）

このグループの「かかる」は、森田（1977: 152）が言うように、自立語の本義「波のしぶきがかかる」に見られる「主体が対象に向かってきて当たる」の意であろう。それに前項動詞がつくと、「下方に向かって」と限定される。すなわち、このグループの前項動詞は、「散る、落ちる、降る、（水滴が）垂れる」のように主体が下方へ移動するもの、あるいは、「崩れる、こごむ、倒れる、かぶさる、（布が）垂れる」のように主体上辺部の下方移動によって形態変化を生ずるものである。いずれの場合も共通の意味特徴は、「下への移動」であって、本来は向かっていく対象を必要としないものである。したがって、このグループの複合動詞は、前項動詞の動きがあって、それから対象に「かかる」という意味を表し、「かかる」のとる格助詞「に」が複合動詞全体の助詞となる。

（例）葉が頭上に散りかかる → 葉が散って、それから頭にかかる（当たる）

(1–2) 依拠接触

もたれかかる、寄りかかる、よっかかる、しなだれかかる ／ ひっかかる

「民男君は…だんだん眠くなって、とうとうお父さんに寄りかかって寝てしまった」（飯沢匡『子どもおとな』）

この場合の「かかる」は、森田 (1977: 151) が言うように、自立語の「屋根にはしごがかかっている」に当たり、「重さを対象にあずけて位置を固定させる」の本義を含むものと見られる。前項動詞の「もたれる、寄る、しなだれる」は、共通の意味特徴として「主体が対象を支えとして近づいていく」ということを含んでいる。したがって、対象を示す格助詞「に」をとるタイプである。この場合、「かかる」は、対象への指向、接触の意味を強調することになる。(1) のグループが主体の下方移動の結果、偶然、対象に接触するという意味で無意志動詞になるのに対して、このグループは、主体が初めから対象との接触を求めているという意味で意志動詞的になると言えよう。

(1–3) 志向接触

このグループは、意図をもって対象に向かうことを表すのであるが、その意図は、対象に対して好意的なもの (a) と攻撃的なもの (b) に分かれる。

(a) 好意的な意図

甘えかかる、ふざけかかる、じゃれかかる

(b) 攻撃的な意図

襲いかかる、挑みかかる、おどりかかる、切りかかる、けりかかる、打ちかかる、攻めかかる、つかみかかる、突きかかる、突っかかる、飛びかかる、なぐりかかる、のしかかる、乗りかかる、乗っかかる、ほえかかる、立ちかかる、押しかかる

(a)「老婆に甘えかかるように、そっとすり寄って、老婆とおなじ姿勢で、ぼんやり崖の方を、眺めてやった」(太宰治『富嶽百景』)

(b)「シロはいきなり熊にとびかかっていった」(戸川幸夫『くまいぬ物語』)

「A は…突然逆上、居合わせた三人に『殺してやる』とバットで殴りかかってけがをさせた」(新聞)

このグループの「かかる」の意味は、(1–1) の「主体が対象に向かって当たる」に近い。(1–1) の場合は、無意志的であったが、この場合は、森田 (1977: 152) の説明のとおり、自立語の「横綱に向かって掛かっていく」、

「さあ何人でも掛かってこい」に当たり、意志的行為となる。前項動詞の意味特徴によって「甘える、じゃれる」のように対象に依存し、好意を示す場合と「襲う、攻める」のように敵意を示し、攻撃する場合に分かれる。

(1–1) や (1–2) と違って「甘えかかる」、「ふざけかかる」、「ほえかかる」のように態度で対象への志向を示し、必ずしも主体と対象の実際的接触を伴わない場合もある。

(b) の「攻撃性」というのは、同じように接触を表す「〜つく」と比べるとはっきりする。

(例)　友人に飛びつく。
　　　友人に飛びかかる。

「飛びつく」場合は、嬉しさや感動を示すため、親愛の情をもって接触を求めるということが多いが、「飛びかかる」場合は、明らかに危害を加えるため、向かって行くのである。したがって、この類の「〜かかる」は、修飾句として「いきなり」、「猛烈な勢いで」、「力いっぱい」のような激しさを表すものを伴うことが多い。

このグループの前項動詞は、「挑む、襲う、攻める」のような攻撃性をすでに意味の中に含むものと「切る、ける、打つ、突く、殴る、(上に) のる」のような攻撃の手段を表すものとがある。寺村 (1969: 47) で指摘されるように、その中で格助詞「を」をとるものも、「かかる」と結合すると、影響されて、複合動詞全体が「に」をとるようになる。

(例)　人を襲う＋かかる → 人に襲いかかる
　　　人を切る＋かかる → 人に切りかかる
　　　人を殴る＋かかる → 人に殴りかかる

【2】　通過遭遇

通りかかる、来かかる、さしかかる

「会社社長…が通路を通りかかったところ、壁際に…ショッピング袋が置いてあり、中に…チョコレート四十箱が入っていた」(新聞)

「屏風箱の置いてある狭い板敷へ来かかると、ひょいと突き当りの曇硝子の戸から、女中の不用意な顔があらわれた」（宮本百合子『伸子』）

自立語の「かかる」には「ちょうどその所に来る」という意味がある。「車が交差点にかかった時」等に見られる用法である。それに接頭語のついた「さしかかる」は全く同じ意味で用いられる。ここで取り上げる「通りかかる」と「来かかる」も、この「さしかかる」と同様の意味を持っている。

前項動詞の「通る、来る」は、意志的な行為を意味する場合が多いが、「かかる」と結合すると、全て無意志的になってしまう。すなわち、「通ったり、来たり」してある地点に達した時（しかも、それは目的地を「指向」している途中に限られる）、人もしくは乗り物が何事かに偶然出くわすということを表すのである。

例えば、ある文章の締めくくりに「彼が通りかかった。」などという文が来ることはないであろう。「通りかかる」というのは、単なる通過ではなく、新しい局面の発生を前提とするものである。構文的に見ても、共起する場面への転回を備えるものが多い。

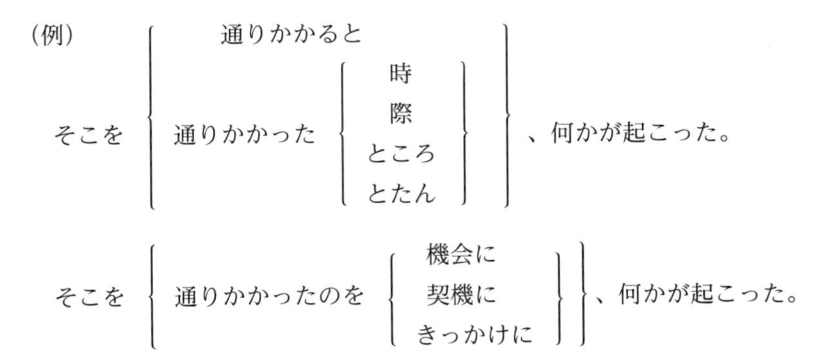

共起する場面を伴うという点で「通りあわせる」や「来あわせる」と似ていると言えよう。いずれにせよ、何らかのハプニングに出会うのであるから、このグループの複合動詞が意志性を持たぬのは当然である。

なお、「さしかかる」は、道そのものについて言われることがある。

「道は山路に差し掛る」（戸塚文子『然別湖』）

この場合は、「作者の歩いている道は」の意になり、やはり作者の移動、目の動きが背後に感じられる。

また、「さしかかる」や「来かかる」は、時期についても用いられることがある。

「革新勢力は、色あせた革新という言葉を革新的に変える時期にさしかかっている」(新聞)

この場合は、時の流れ(時の移動)という変化の中で、ある新局面に臨もうとしていることを示しているわけで、基本的には、上に述べたような空間的移動と同じように考えることができよう。

なお、以上取り上げた語のほかに「取りかかる」があるが、これは自立語の「(仕事に)かかる」に接頭語がついたものである。どのグループにも属さないので、特に取り上げなかった。

7.3 指向を表す「～かける」

語彙的複合動詞の「～かける」は、主体と対象とのかかわり方、すなわち、指向の様態によって五つに分けられる(次頁の表を参照)。自動詞の「～かかる」では、主体自身が対象に向かって動き、接触を生じる。「～かける」では、主体が何かを対象に向けて動かし、接触せしめる。第1の「依拠」と第2の「志向」がそれである。第3番目は、主体が対象に対して心理的な働きかけを行うもので、物理的な接触は伴わない。この三つが「～かける」の基本であり、ほとんどの語がこれに属している。その他は、派生的な用法で、属している語も数語にすぎない。

次に、各項目に属する複合動詞について考える。

【1】 依拠接触

立てかける、ひきかける、ひっかける、もたせかける、寄せかける、並べかける / さしかける、つっかける、しかける

「おもてへ出てくると、電柱に立てかけておいた自転車がもうないんです」(新聞)

「〜かける」の複合動詞	自動詞か他動詞か	意味特徴
【1】 対象 [に / へ] 物を　〜かける かべ　に　板を　立てかける	他＋かける＝他	依拠接触
【2】 対象 [に / へ / に向かって / をめがけて] 物を　〜かける 人　に　つばを　吐きかける	他＋かける＝他	志向接触
【3】 人 [に / へ / に向かって] 〜かける 人　に　笑いかける	自＋かける＝自 他＋かける＝他	心理的志向
【4】 場所 [に / へ / に向かって / をめがけて] 〜かける 会場　に　詰めかける	他＋かける＝自	志向移動
【5】　対象を　〜かける 犬　を　追いかける	他＋かける＝他	把　捉

「これは、パンダ独特の寝姿なのだが、壁に背をもたせかけ、思いっきり足を投げ出して、頭を垂れ、そのまま眠りこんでしまう寝姿だ」(雑誌)

このグループの「かける」は、森田 (1977: 51) の言う「重さを対象にあずけて位置を固定させる」の意に当たる。前項動詞の意味特徴によって、重さのあずけ方や、位置固定の様相が異なってくる。いずれの場合も、ふつうは上方の一端が支えに接する形となる。ただし、「傘をさしかける」のように必ずしも接触を伴わず、先端が対象に添う形になる場合もある。「下駄をつっかける」では、足の先端をはき物に固定させるという形になる。「しかける」は、吉川 (1976: 259) の言う「空間的存在様式を表す動詞」であり、特に目的があって装置などを何かに固定させることを示している。

（例）　壁の中に盗聴器をしかける
　　　　車に爆弾をしかける
　　　　草叢にワナをしかける

吉川の前掲の書では、「立てかける、しかける」等を「置く」の下位分類としている。動作の過程は考えず、対象との接触という結果をとらえれば、このグループの語は、「置く」と共通の意義素があると見ることもできよう。

【2】　志向接触

浴びせかける、射かける、打ちかける、投げかける、吐きかける、はねかける、ひっかける、吹きかける、ふっかける、ぶっかける、振りかける、注ぎかける ／ 着せかける、覆いかける

「私は喉からこみ上げて来る痰を、道傍の草に吐きかけ吐きかけ歩いて行った」（大岡昇平『野火』）

「王子の方はその姿を撮ろうと列を作っているカメラマンに向かって“ゴム弾”を射かけようというわけだ」（新聞）

このグループの動詞は、対象となるものに何かを「かける」（＝当てる）ことを表しており、結合する前項動詞の意味特徴によって、何をどのようにかけるのか、その様相が異なるのである。当てるものがある量以上の液体であったり（浴びせかける）、矢であったり（射かける）、気体か霧状の液体であったり（吹きかける）するわけである。前項動詞が、すでにその動作・作用を及ぼす対象を持つもの「（人に）浴びせる、着せる、射る」等の場合、「かける」は、対象に向かって当てるという意味を強調することになる。「吐く、吹く」のように動作・作用を向ける対象を持たぬ動詞の類に「かける」が結合する場合は、その動作・作用が行われてから対象に当てる（かける）という意味になる。

（例）　痰を草に吐きかける → 痰を吐く＋それから草にかける
　　　　煙を人に吐きかける → 煙を吐く＋それから人にかける

先に述べたように、【1】の「依拠」を表すグループは、対象に単なる物

理的な接触が生ずるものであったが、この【2】のグループは、対象に何かが接触するだけでなく、ある変化が（一時的なものであるにせよ）生じるものである。「粉を振りかけられる」と白くなるし、「矢を射かけられる」と傷つく。これらの語の前項動詞は、「吐く、射る、投げる、（塩を）振る、（泥を）はねる」のように何かを主体から発するということを示している。「着せる、覆う」のように布状の物をあてがって、全体の姿を変えてしまう場合もある。

【3】 心理的志向

いざないかける、誘いかける、訴えかける、語りかける、囁きかける、喋りかける、問いかける、話しかける、働きかける、呼びかける、持ちかける、笑いかける、ほほえみかける、歌いかける、尋ねかける、ふっかける、けしかける、しかける ／ 見せかける ／ 畳みかける

「アラブ世界の雄エジプトの大統領が、今その壇上で平和を呼びかけている」（新聞）

「仕事仲間に『一人住まいのばあさんを殺して大金を奪おう」と真顔で持ちかけた」（新聞）

このグループの「かける」は、自立語の「誘いをかける」、「口をかける」の意味に近いものであろう。先に述べた【1】や【2】が物理的な接触を伴うのに対して、このグループは、寺村（1969: 47）に指摘があるように、相手に心理的に影響を及ぼし、変化を起こそうとするものである。その中でも相手を動かし、行動へと誘う類の語においてその内容は、次のような形で表される。

（例） （a） 協力するように
「協力してください」と } 呼びかける
（b） 協力を 呼びかける

このグループの語は、ほとんど（a）の形をとる。（b）の形をとるのは次のような語である。「相談を持ちかける、防止を訴えかける、争いをしかける、けんかをふっかける」など。

前項動詞には、「いざなう、誘う、訴える」等、すでに働きかけの意味が含まれているものもある。この場合、「かける」は強調を表している。そのほか、「語る、喋る、話す、呼ぶ、問う、尋ねる、囁く」等、言語上のコミュニケーションを表すものもある。これらの語と「言う、わめく、どなる、ののしる、つぶやく」等とは、「音声を発する」という点では共通しているが、後者が聞き手の存在を必要条件としていないという点では大きく違っている。したがって、後者のグループは「かける」とは結合しないのである。

「話す、喋る、語る」等は、発話行動を通して、何らかの情報が相手に伝達されることを意味するが、それに「かける」がつくと、単にその行動に入るきっかけを作るという意味になってしまう。

（例）　彼に秘密を喋った → その秘密は彼に伝達された
　　　彼に喋りかけた → 彼に声をかけ、喋り始めるきっかけを作った

次の用例ではこのような「きっかけ作り」の特徴がよく表れている。

「あの人は最初私が何を喋りかけても、ハイ、とか、イイエ、とか答えるだけで、一向に会話というものが成立しなかったのです」（新聞）

一方、「笑う」ことや「ほほえむ」ことによってもコミュニケーションを果たすことができる。それで、これらの語にも「かける」が結合するものと思われる。

なお、「畳みかける」は、用法が限られていて、相手にかかっていたり、何か言ったりする間（ま）がまるで「畳む」ように短く切迫していく様子を表している。したがって、「畳みかけるように言う」とか「強打で畳みかけてくる相手チーム」のように修飾的に用いられる場合が多い。

【4】　志向移動

押しかける、攻めかける、詰めかける ／ 出かける

「あいにく雨だったが…東北地方などからも多数の婦人が（会場）に詰めかけた」（新聞）

上に述べた【1】から【3】までの「〜かける」では、主体の移動自体は問題にされず、目標となるものに向かって、物理的にあるいは心理的に作用を及ぼすことを表す。それに対して、このグループは、主体者が自ら、何らかの目的を持ってある場所に赴くことを示すものである。「攻めかける」の場合、移動の目的は攻めることであるが、「押しかける」と「詰めかける」の場合は、抗議、けんか、談判、交渉、見物、買い物等の目的で強い要求や興味、期待感あるいは数を頼んでの威圧感などと共に、勢いづいて向かうという意味になる。

「出かける」は、それに比べ、目的があいまいな場合も使われ、弱い感じがあるが、それでも、単なる外部移動の「出る」とはっきり区別される。「出かける」の特徴を考えてみよう。

- 主体は人に限られる：犬が外へ出る／？犬が出かける
- ある程度以上の移動距離を伴う：表へ出る／？家の中から表へ出かける
- 人が自らの意志で行動する場合に限られる：引きずられて外へ出る／？手錠をかけられ警察へ出かける

このように、「出かける」には、外出するという主体の意志性が強く働いていると言えよう。

【5】 把 捉

追いかける、追っかける ／ 見かける

「私は突然自分でも理解できぬ衝動を感じて、バスを追いかけて走り出した」（井上靖『晩夏』）

「追いかける（追っかける）」は、先に述べた【4】のグループと同じく、主体が移動するが、対象もその先を移動しており、それをとらえようとする動きである。「追う」に「かける」がつくと、主体が対象を求める意志やその際の勢いが強調される。

（例） 赤ん坊が母親のあとを追って泣く。
赤ん坊が母親のあとを追いかけて這って行く。

前者の例では単に心理的に母親を求める場合もあるが、後者の「追いかける」では実際の行動を伴う。

「見かける」は、対象が話者の視線の中にとらえられ、その存在が認識されることを示している。対象が視線のレーダーにひっかかるという意味で受動的であり、偶然性を伴うので、「見かける」は無意志動詞である。また、対象の所在を瞬間的に認識することに意味があるので、「じっと見かける」とか、「今見かけているところだ」のような継続を表す言い方はできない。

7.4　始動を表す「〜かかる」と「〜かける」

「かかる」と「かける」は、自他の対応をなしていて、ともに始動のアスペクトを担っている。サ変動詞にもつき、統語的複合動詞として造語力も強い。その点についてはすでに少し触れたが、この章では、主に次の点について考えてみたい。

(1)　その意味と用法
(2)　「〜かかる」と「〜かける」の相違点
(3)　始動を表す「〜始める」と「〜だす」との相違点

【1】　その意味と用法

かつて佐久間 (1966: 165, 173) では、“事象・動作の結構”についてその進行の各相として「始—中—終」の三つの相をたて、「〜かける」を次のように始動の中に位置づけした。

始動：〜だす、〜始める、〜かける (着手して進行中または一時中止)
継続：〜ている
完結：〜てしまう

日本語のアスペクトの多くは、「〜ている、〜てしまう」のような動詞「て」の形に補助動詞のついた形で表される。しかし、始動に関してはここに挙げられたような複合動詞が主にその役割を担っている。ここでは「かかる」は、取り上げられておらず、「死にかける」(＝死にそうになる) のような直前の状態に達するという用法についても言及されていない。このような点について金田一 (1976: 51–52) に詳しい分析がある。“アスペクトの観点から観た国語動詞の分類”による四つのタイプの動詞と「かかる」、

「かける」の結合関係を手がかりに、その動きを「始動態」と「将現態」に分けている。次にその部分を簡単にまとめてみよう。

前項動詞の類	〜かかる	〜かける	動作相アスペクトの種目
状態動詞 （例）ある	×	×	**始動態** ・動作が途中まで行われたことを表す ・動作を半ばで中止した意を表す
継続動詞 （例）読む	？読みかかる	読みかける	
瞬間動詞 （例）死ぬ	死にかかる	死にかける	**将現態**：動作が行われる寸前の状態に達したことを表す
第四種動詞 （例）聳える	×	×	

　複合動詞は一種の瞬間動詞となる。ここでは、継続動詞も臨時に瞬間動詞として用いられ、「かける」と結合して将現態を表すことになると指摘されている。例えば、「本を１、２ページ読みかけたところへ客が来た」は、始動態であるが、「小説をよみかけて止めた」時、それが「最初のページをめくり、第１行目に眼を注ぐばかりになって思い止った場合」には「将現態」になるとされている。しかし、はたして「読む」のような継続動詞の類に「かける」がついた場合、始動態が本来の意味であり、将現態が臨時的なものであると言えるであろうか。この点について次の用例を見てみよう。

「『だって学校が…』そういいかけるのといっしょに、なみだが出てきた」（佐多稲子『キャラメル工場から』）

「私はそのあと、（そんならあの銀座のマダムとも、渋谷の人とも手を切って下さい）と、いいかけたのだが、あわててその言葉を飲み込んでしまった」（源氏鶏太『御身』）

　前者の例は、実際に口に出して言ったという始動態を示し、後者は、言いそうになったが、実際は口をつぐんでしまったという将現態を示している。この場合、後者のほうが臨時的な用法だとは言えないのではないだろうか。むしろ、その動作の持続部分の始まりに目をつけると、始動態になり、前の状態からその動作に入るという変化の瞬間性（「言う」の場合は、

「沈黙→発話」の変化）が強調されると、将現態になると言えはしまいか。ほとんどの「継続動詞＋かける」は、本来的にこの二つの態をあわせもっていると考えられよう。

一方、瞬間動詞に「かかる」や「かける」がついた場合は、将現態を表す場合が多いと言える。しかし、その中でも、いわゆる結果動詞のあるものについては、必ずしも将現態のみとは言い切れない場合が出てくる。すなわち、変化の過程を持つものに「かかる」や「かける」がつくと、宮島(1972: 410) にあるように、その過程の初めの段階を示すことになる。例えば、次の例を見てみよう。

「第一日目には、赤い花が一本売れた。お客は踊子である。踊子は、ゆるく開きかけている赤い蕾を選んだ」（太宰治『葉』）

「花が開いている」というのは、開いた結果を表すから、「開く」は瞬間動詞と言えるが、蕾から満開までのプロセスを継続的に見るならば、「ゆるく開きかけている花」というのは、始動態を示していると言えよう。このような変化の段階を表す場合は、「～てくる、～ていく、～ている」の形をとることが多い。また、変化の進行状況を示す「少し、半ば、すでに」等の修飾語を補って考えることができる。

これに対して、瞬時の動作・作用の変化を表す動詞（すなわち変化の過程を持たぬもの）の類に「かかる」や「かける」がつくと、将現態しか表さない。次はその例である。

「百メートルも歩かないうちに、腹が立ってきた。太いコンクリート電柱にぶつかりかける。ゴミのポリバケツにつまづきかける」（新聞）
「世界シオニスト機構のゴールドマン総裁がナセル大統領の招きでカイロを訪問しかけたことがあった」（新聞）

このほか、「飛び出しかける、遭遇しかける、触りかける」等も、将現態を表す。これらの動詞の中心をなすものは、いわゆる非結果動詞である。「かかる」と「かける」の面から言えば、真の「瞬間動詞」こそ、このグループの動詞であると言えよう。

【2】「〜かかる」と「〜かける」の相違点

すでに述べたように、動作相アスペクトを示す「〜かかる」は、全て「〜かける」と言い換えられるが、その逆は成り立たない。「〜かかる」のほうがずっと用法が狭い。複合動詞の構成を見ると、一般的に自動詞は自動詞と、他動詞は他動詞と結合することが多い。その上、「かかる」は、対応する他動詞（ここでは「かける」）を持つ自動詞の常として瞬間動詞的であり、基本的には無意志動詞的な性質を帯びている（自他の動詞と意味用法の対応については西尾（1978: 174）に詳しい）。このようなことから、「かかる」は、自動詞の多い瞬間動詞と結合しやすく、他動詞の多い継続動詞とは結合しにくいということになる。吉川（1976: 302）の指摘にあるように、継続動詞でも受身形になると、無意志的になり、かつ結果動詞に転ずる。したがって、受身形は、「かかる」とも結合するようになる。

（例） 人を殺す → ？人を殺しかかる
人をぶつ → ？人をぶちかかる
人に殺される → 人に殺されかかる
人にぶたれる → 人にぶたれかかる

能動態の場合は、「殺しかかる」よりも「殺しかける」のほうが形として安定しており、ふつうは「〜かける」が用いられる。それに比べて、「受動態＋かかる」が、より自然に感じられるのは、上に述べたような理由によるものであろう。

両語の違いについて佐治（1992: 17–21）に、次のような外国人学習者の誤用例に基づく興味深い指摘がある。

＊「昔、敗戦されたある国の皇帝が激戦から亡命された。二・三日も歩きつづけたあげく、皇帝はとうとう食物もなくなって、そろそろ飢え死にしかかっていた」（下線筆者）

この例では、「飢え死にしかけていた」のほうがなぜ、適切かが問題となる。

月が出かかっている：あたりの情景を一瞬の静的状態として描写している。
月が出かけている：月の動きを、その継続の中の一点でとらえている。

上の例のほか、さまざまな用例を検討した後、「(『〜かかる』) は主体の動きを客観視してとらえるのに対して (『〜かける』) は主体の側に立って継続的な動きの中でとらえる。…話題にしてきた (皇帝の) 継続的な動きの描写として「かける」を用いるほうがふさわしい。」と結論づけられている。これは、今まで見過ごされてきた点に関する鋭い指摘であると思われる。

さて、「かかる」と「かける」のどちらとも結合する語の場合は、「〜かける」のほうが安定した感じを与える。例えば、やや長めの音節を持つ「溺れる」に両語が結合した場合の活用形を考えてみよう。

「〜かかる」: 溺れかからない、溺れかかれば、溺れかかりながらも
「〜かける」: 溺れかけない、溺れかければ、溺れかけながらも

下一段動詞の「〜かける」のほうがすっきりとし、語形としての安定感を持っているように思えるのだが、どうだろうか。

このことは、「〜かける」が派生名詞の形をもち、「〜かかる」には (少なくとも始動を表す場合は) その形がないということとも関係がありそうである。「作りかけ」とか「読みかけ」とか言えるが、「作りかかり」とか「読みかかり」という形はない。

「小高い丘の上には作りかけの焼き畑があり、その真ん中に大きな家があった」(新聞)
「降り続ける雨をぼんやり眺めていた福井は、また読みかけの書物に眼をおとした」(新聞)

この例の場合、「作りかけの畑」は、「作りかけになったままの畑」という意味であり、具体的事物について、完成 (あるいは完了) に到っていないことを表している。「読みかけの本」、「描きかけの絵」、「縫いかけの着物」、「やりかけの仕事」など実際の状況として目に見える場合が多い。派生名詞は、将現態を表さないので、「置きかけの本」とか「触りかけの品」などという表現はない。また「〜かけ」の形は、途中の段階にとどまっているという状態性を表しているので、進行中の事柄については言えない。したがって、「消えかけの光」とか「沈みかけの月」というような表現は不自然である。

なお、「行きがけ、帰りがけ、出がけ」のように移動の動詞についた場合は、「～する際に」あるいは「～する途中で」という意味になり、連濁が生じて一語化した感じが強くなる。

【3】 始動を表す「～始める」や「～だす」との相違点

最も大きな違いは、「～始める」と「～だす」が始動態のみを表し、将現態を持たぬことである。すなわち、これらの語は、継続動詞と結合して「開始」の段階を示す。瞬間動詞と結合した場合は、吉川（1976: 181）の指摘にあるとおり、複数の主体の動作・作用を表す場合に限られる。

（例）

町のネオンが次々と {消え始める / 消え出す}

人々が三々五々 {帰り始める / 帰り出す}

この場合は、複数のものを一つのまとまりと見て、その量的変化を進行過程の開始の段階ととらえているのである。

さて、同じ始動を表すと言っても、「～始める」と「～だす」は、その動作・作用が続行し、終了に到ることを予想できる。これに対して、「～かかる」と「～かける」は、中断や中止が前提とされることが多い。次の例を見てみよう。2番目の例のように「～かける」の次に動作の続行がくると、不自然になる。

（例）

話し {始めて / だして}、そのまま、ずっと夜まで話し続けた。

＊話しかけて、そのまま、ずっと夜まで話し続けた。

話しかけて、途中でやめてしまった。

寺村（1969: 47）には、「～かける」について「或る動作が始まって、直後に何ものか（何ごとか）によって中止させられるという場合が多いようである」と指摘がある。確かに、用例などを見ると、たとえ、意図的に動作を中断するとしても、他からの要因によってやむを得ずそうなったという場合が多いようである。

構文的には、森田（1977: 155–156）に「辞書形はあまり使わない。『…かけて…する』『…かけていた』の形を多くとる」という指摘がある。これは、「～かかる」と「～かける」が、中断後の場面展開を伴うことが多いからであろう。試みに用例を見てみよう。

> 「二人はそのまま凶器の包丁を持って二階へ上がりかけたが、階段の途中で気づかれたため戸外へ逃げ去り…」（新聞）
> 「井刈が説明しかけるのを、熊切は抑えた」（新聞）
> 「ボートはいったんひっくり返りかけて、すぐまたもとに戻ったものと思われます」（井上靖『星と祭』）
> 「はっとしてよろめきかけたが、あたりをはばかって歯をくいしばり、私はやっとその場をとりつくろった」（雑誌）
> 「『降りました。いただきのほうに―』と言いかけて、ふと前方を見ると、富士が見える。変な気がした」（太宰治『富嶽百景』）
> 「数年来忘れかけていた怒りが再燃しました」（新聞）
> 「悲惨な過去をのりこえてやっとつかみかけた幸福なのに突然襲った恐ろしい罠！」（新聞）
> 「秘密連絡メモも発見されかかったが、同氏がメモを飲み込んで事なきを得た」（新聞）
> 「一年ばかり重病に倒れ、あやうくきゃつの前に手をあげかかったが、どうやら切りぬけた」（尾崎一雄『虫のいろいろ』）
> 「一時鎮まりかかった火勢が再び強くなった」（新聞）

「～かかる」と「～かける」のもう一つの特色は、宮島（1972: 427）に指摘されているように、無意志動詞になることである。これらの語は、「ことの経過を、客観的にながめて、動作の一段階をあらわすもの」であるとされ、無意志動詞になるものとして、ほかに「～さす」や「～はてる」も挙げてある。

これに対して、「～始める」は、人の動作を表す場合に意志動詞として用いられることもある。「～だす」は、それに比べると、意志性が弱い。

（例）

毎日朝七時までに ｛食べ始める／？食べ出す／＊食べかける｝ ことにしている

しかし、「〜かける」については、「ぼつぼつ行きかけよう」、「皆が来るまで食べかけていましょう」のような勧誘の形で使われることもあり、必ずしも完全な無意志動詞とは言い切れない面もある。

7.5 まとめ

以上、「〜かかる」と「〜かける」の複合動詞について意味と用法を考察してみた。ここで今まで述べた点についてまとめてみる。

(1) 「〜かかる」と「〜かける」には、「指向」と「始動」の意味がある。その下位分類と両語の対応は次のようになる。

複合動詞の意味	**「〜かかる」（例）**	**「〜かける」（例）**
[語彙的複合動詞]		
1 指向		
落下接融	落ちかかる	――――
依拠接触	もたれかかる	もたせかける
志向接触	襲いかかる	吐きかける
心理的志向	――――	笑いかける
志向移動	――――	詰めかける
把捉	――――	追いかける
通過遭遇	通りかかる	――――
態度決定	決めてかかる	――――
[統語的複合動詞]		
2 始動		
始動態	食べかかる	食べかける
将現態	死にかかる	死にかける

(2) 「指向」を表す「〜かかる」と「〜かける」は、本動詞の意味をそのまま保っており、ほとんどの複合動詞が格助詞「に」をとる。

(3) 「指向」を表す「〜かかる」と「〜かける」が結合する前項動詞は、

ほとんど異なるグループに属する。

(4)「始動」を表す「～かかる」と「～かける」は、補助動詞的であり、前項動詞のとる格助詞がそのまま複合動詞全体の格助詞となる。

(5)「始動」の「～かける」には派生名詞「～かけ」の形があるが、「～かかる」にはない。

第8章

「〜あう」と「〜あわせる」

8.1 対称関係を表す複合動詞

従来、日本語の特徴の一つとして数の観念がはっきり表されぬことが多い、特に用言には、いわゆる“複数形”という形態的特徴がないということが言われてきた。例えば、「隣の部屋で人が話している」というような文について考えてみると、「人」という名詞にも、「話している」という用言にも、数を明示する形態的特徴がなく、この「人」が一人なのか、それとも二人以上なのか、はっきりとしない。しかし、「隣の部屋で人が話しあっている」というように「あう」がつけば、この「人」は複数の人々を表すことになる。また、「人が話している」というような文では、その「人」が演説のように一方的に話をしているのか、あるいは、人々が互いに話を交わしているのか、明らかではない。しかし、「話しあっている」と言えば、ふつうは互いを相手として、話を交わしていることになる。

このように「〜あう」という複合動詞は、複数の主体者によって、同じ動作・作用が行われることを示すものである。宮島 (1972: 701–703) では、この種の動詞に内包される「一動詞における構文機能のかさなり」を指摘、これを「対称的な」動詞として類別している。すなわち、

A が B と X する ⇔ B が A と X する ⇔ A と B とが X する

という可逆的な関係が成り立つ動詞の類である。

また、奥津 (1967: 7) では、生成文法の立場から「対称関係」(symmetrical relation) を、動詞のみならず、形容詞 (等しい、近い等)、名詞＋だ (兄弟だ、平行だ等)、副詞 (互いに等) についても広く考察し、「対称

関係」という語義的な特徴を、品詞という枠を越えた、一つのカテゴリーとしてとらえている。そして、特に「あう」については、結合した動詞を「全て対称関係表現にすることができる」ものと規定している。

仁田 (1997: 171–172) では、「結婚スル、争ウ」等を「相互動詞」とし、「動詞が必須的に要求する二つの名詞句を、主語として実現しようが、非主語として実現しようが、それが表す事態の真偽関係に変化が生じないこのような現象を、〈主語をめぐる相互性〉と仮に呼んでおく」と説明がある。また仁田 (1998: 1) では、「相互構文」を作るものとして「〜あう」を扱っている。

城田 (1998: 152–154) では、「〜あう」を「相互態動詞」として他の後項動詞類とは別格に扱っている。それは、「内容の著しい増大がおこる」からであると指摘している。

このような「対称関係、相互性」を成立させる統語的複合動詞「〜あう」の意味と用法を次に考察し、その後、対立する他動詞「〜あわせる」についても考えてみたい。

8.2 「〜あう」分類の要素

ここでは、「〜あう」の分類要素について次のように分けて考える。

(1) 働きかけの対象

(2) 時間の問題

(3) 「〜あう」の分類

【1】 働きかけの対象

「あう」のつく語というと、誰でもまず「愛しあう」とか「助けあう」というような、主体同士が相互に働きかける行為を思い浮かべるだろう。事実、用例を見ても、そのような場合が多い。次の例などはその典型的なものであろう。

① 「中東でのあいさつは、体も使う。親しい二人が抱き合って…相手のほおに口づけする」(新聞)

この例では、二人が互いを抱くのである。しかし、次の例では、抱く対象が相手ではなく、ほかのものになっている。

② 「子どもたちが大勢でその三匹の子犬を「かわいい」「かわいい」と抱きあっている」（新聞）

この例では、子供たちがかわるがわる子犬を抱いているのである。このように同じ動詞でも、働きかけの対象が一方の相手だったり、別のものだったりするわけである。そして、① の例で「二人が抱きあって」という文から「あう」をとると、「二人が抱いて」となり、意味をなさなくなるが、② では「子供たちが子犬を抱いている」と「あう」をとっても、文意は変わらない。したがって、① と ② では、「あう」の働きが違うと言うことができる。

さらに、働きかけの対象を持たぬ動詞、いわゆる自動詞のような場合はどうなるだろうか。用例を見てみよう。

③ 「出口を中心に、先を争うネズミの群れは、密度が高くなると、最短距離での脱出を目指し、もがき合った」（新聞）

この例のネズミは、「もがく」ことを互いに働きかけているわけではない。この文では「ネズミの群れはもがいた」としても、意味は通じるが、「もがきあった」と「あう」をつけることによって、どのネズミも一様に「そこからの脱出を目ざす」という一つの場を共有していることが強調されている。

こう見てくると、「あう」の本来の働きは、① のように互いを相手として働きかけあうことにありそうである。「抱く」のような対象への一方的な行為を、相互的なものに変えてしまうからである。このような「あう」の働きをここでは一応「相互動作」と呼ぶことにする。これに対して、② のような場合は、互いどうしに影響は及ばないが、同一の対象を相手とすることによって、おのずから共同の場が形成される。このような場合の「あう」の働きを「共同動作」と呼び、① と区別することにする。また、③ のような場合は、単に主体者がそれぞれ同じような働きをしているにすぎない。相互的な働きかけもなく、連帯性も弱いが、同じ場を共有していると認定される時、「あう」が用いられる。このような場合を「並行動作」と呼ぶことにする。

以上述べたことをもう一度まとめると、次のようになる。

① 相互動作：互いを相手として働きかけあう (例) 二人が抱きあう
「あう」をとると意味をなさない。
② 共同動作：同一の対象を相手とする (例) 子供たちが犬を抱きあう
「あう」をとっても意味が通じる。
③ 並行動作：同一の場で同じ働きをする (例) ネズミがもがきあう
「あう」をとっても意味が通じる。

いずれの場合も、主体は複数名詞で表されることが多い。例えば、「群衆、皆、全員、カップル、双方、家族」など、その他、複数を示す接辞(「両～、諸～、～一家、～派、～ぐるみ、～同士、～たち」等)を伴うものである。また、「AとBと(複数名詞)で～あう」、「二人して～あう」などの形をとる場合もある。

【2】 時間の問題

ここでは、動作・作用にかかわる時間性という点から考えたい。「AがBと～あう」という文型は、「Aが～する」と「Bも～する」の合成の形である。その同じ二つの「～する」という働きは、同時に行われるのか、交互に行われるのか、あるいは、そのどちらでもよいのか、ということである。まず、具体的な用例から見ていこう。

「(出撃の前夜、兵士たちは) 遺書を互いに預かり合ったものだという」(新聞)

この例は、同じ時に遺書を交換したと見てよいだろう。しかし、次の例は、預かるという行為が同時には起こりえない例である。

「近所の友達と交替に子供を預かりあい、当番でない時は、ゆっくり買い物をしたり、自由な時間を楽しみます」(雑誌)

この例では、主婦たちが交互に子供を預かるのであり、子供たちは、ボールのように双方の主婦の間を行ったり来たりするわけである。この場合は、双方の主婦が各々子供を預かるという点では同じことを行うのだから、二人の行為は、「対称関係」にあると言えるが、時間的な軸から見ると、ずれているといえる。

次の例は、これに、働きかけの異なる対象が組み合わさった例である。飲食に関する語の用例である。

「群居するには互いに食いあっては種が絶滅するから、食いあわないための道徳というものができた」（新聞）
→ 同時に相手を食う。
「(二人のスターは) スタジオでは手弁当を食べあうほどの仲よし」（新聞）
→ 同時に一つの弁当を食べる。
「三三九度の代わりに二人でお濃茶を飲み合い、指輪の代わりにふくさを交換するんですよ」（新聞）
→ 交互に一つの茶を飲む。
「ぼくたちは一緒に遊園地に出掛け並んでアイスクリームを食べあう…」（安部公房『他人の顔』）
→ 同時に別々のアイスクリームを食べる。

大部分の動詞は、上の例にあるように文脈によってその動作が同時であったり、交互であったりする。しかし、数は少ないが、相互動作において同時でなければならぬもの、また、反対に、交互でなければならぬものもある。例えば、「A が B と競いあう」という場合は、「A が B と競い、B も A と競う」のだから、両者の行為は同時に行われて、はじめて成立する。A と B の行為が時間的にずれることはあり得ない。これに対して、「A が B と追いあう」場合は、「A が B を追い」、次に「B が A を追う」ことになる。A が追う時、B はその行為の受け手であり、B が同時に A を追うことはできない。交互に「追う」と「追われる」という立場を交替しなければ成立しない。時間という点から見て次の二つの面から考える。

（1） 同時でなければ、成立しないもの
（2） 交互でなければ、成立しないもの

(1) 同時でなければならないもの

競いあう、戦いあう、分かちあう、けんかをしあう

この類の前項動詞は、対等の関係を表す格助詞「と」をとるものである。

(2) 交互でなければならないもの

追いあう、助けあう、訪れあう、招きあう

前項動詞は、人を対象として格助詞「を」をとるものである。

(1) の「競いあう」や (2) の「追いあう」のグループは、互いを相手とする場合は、時間的に制限があるが、互いに共同行為者となる場合、その制限はなくなる。すなわち、「二人が一人の相手と技を競いあう」場合や、「二人が一羽の鳥を追いあう」場合は、その行為は同時でも交互でもよいことになる。

【3】「〜あう」の分類

自立語の「合う、会う」には「一致、調和、対面」などの意味があるが、それらが転化し、「対称関係」を表す接尾辞的な働きをするようになったものであろう。次頁の表で、働きかけの対象〈互いを相手とするのか、同一物を相手とするのか〉、時間〈同時か交互か〉によって分類してみる。

次に、各項目に属する動詞について考える。

8.3 相互動作・作用を表す「〜あう」

【1】同時に起こること

(1–1) 接 触

これは、意義特徴によって三つに分けられるが、さらに次のように細分される。

(a) 精神的接触　①交際・交流　②情愛　③争い　④和解

(b) 物理的接触　①接触　②混交　③重積　④隣接　⑤離反　⑥集合

(c) 関係　①関連　②バランス

対称	時	「～あう」の複合動詞	意味特徴
①相互動作・作用（互いを相手とするもの）	同時	**A が B [と／(に)] ～あう**	**接　触**
		兄が弟と争いあう	精神的接触
		兄が弟 [と／に] 向かいあう	物理的接触
		兄が事件 [と／に] 関わりあう	関　係
		A が B [と／に] ～あう	**遭　遇**
		兄が友 [と／に] 出あう	
	交互	**A が B と～あう**	**移　動**
		兄が友と招きあう	相手の領域への移動
		兄が友と見送りあう	相手の領域からの移動
		兄が弟と追いかけあう	捕　捉
		A が B と～あう	**働きかけの姿勢**
		兄が弟とぶん投げあう	手足等による働きかけ
		兄が弟と背負いあう	手足等による付着動作
		A が B と～あう	**立場の交替**
		兄が弟と起こしあう	力の関係
		兄が友とおごりあう	受給の関係
		兄が友と番号をかけあう	順序の関係
	同時・交互	**A が B と～あう**	**働きかけ**
		兄が弟となぐりあう	物理的な働きかけ
		兄が弟と励ましあう	心理的な働きかけ
		兄が弟と助けあう	社会的な働きかけ
②共同動作（同一物を相手とするもの）	同時	**AB が [対象] を～あう**	**分　担**
		兄弟が苦しみを分かちあう	
	交互	**AB が [対象] を～あう**	**交互的対物動作**
		兄弟が車を運転しあう	
	同時・交互	**AB が [対象] を～あう**	
		兄弟が子をあやしあう	**一方的対人動作**
		兄弟が木を植えあう	**共同的対物動作**
③並行動作・作用	同時・交互	**AB が～あう**	**自動的動作**
		兄弟が騒ぎあう	［自動詞の類］
		AB が [対象] を～あう	［他動詞の類］
		兄弟が首を傾げあう	
		AB が～あう	**物理現象**
		車の音が軋みあう	
		兄が役所 [と／に] 掛けあう	**その他**
		兄が友に請けあう	

(a) 精神的接触（人間同士の触れあいで生じる事柄）

① 交際・交流

知りあう、打ち解けあう、心が通じあう、心が通いあう、分かりあう、付きあう、馴れあう、交わしあう

② 情 愛

愛しあう、慕いあう、契りあう、乳くりあう、結ばれあう、睦みあう、いちゃつきあう、（二人の男女が）できあっている

③ 争 い

戦いあう、争いあう、競いあう、せりあう、しのぎを削りあう、せめぎあう、火花を散らしあう、張りあう、もめあう、やりあう、いがみあう、やっつけあう、渡りあう、憎みあう、にらみあう

④ 和 解

折れあう、折りあう

「これほど国情が対照的で、しかもこれほどお互いを知りあっていない仲も珍しい」（新聞）

「信長と孫市がちょうちょうはっしとやりあう豪快な男の対決がおもしろい」（新聞）

「プールの浅くなっている一隅で、二人の子供が喚声をあげて飛びこみを競いあっていた」（山本道子『魔法』）

「主流保守派が革命政権と折りあうはずもなかった」（新聞）

「知る」のように前項動詞が「を格」の名詞をとる場合は、「互いを知りあう」のような形で、「を」が残ることもある。「互いを愛しあう、互いを殺しあう」のように相互的な行為であることが強調される。

また、「A が B と～あう」の代わりに「A が B を相手に（して）～あう」という形が現れることもある。次はその例である。

「経済運営の面では問題を抱えながらも、米国、ソ連という超大国を相手にわたりあう西欧のしたたかさは、わが国の教訓にもなろう」（新聞）

このような形は、取引や戦いを表す語に多く見られる。

また、すでに述べたように「(複数名詞) が〜あう」の代わりに「(複数名詞) で〜あう」の形も用いられる。次は、その例の一つである。

「こんな奴に負けられるかと仲間どうしで争いあう…」(新聞)

なお、「付きあう」という語は、交際を意味する場合は、他の動詞と同様に基本的な「A が B と付きあう」という形をとるが、必要に迫られ、他者とかかわりが生じることを意味する場合は、「A が B に付きあう」という形になる。

「この警官は事件の度に、親たちの洪水のような悲歎につき合っているのである」(井上靖『星と祭』)

これは、「あう」の持つ相互行為の機能が薄れ、一方的な行為へと意味が転化した例であろう。

(b) 物理的接触 (物理的な触れあいに伴って生じる事柄)

人に限らず、非情物が主体になることもある。

① 接 触

ぶつかりあう、かちあう、接しあう、触れあう、つながりあう、くっつきあう、体をくっつけあう、ひっつきあう、体をひっつけあう、体を寄せあう、体をすり寄せあう、抱きあう、手をとりあう、寄りあう、組みあう、手をつなぎあう、手を握りあう、絡まりあう、絡みあう、噛みあう、よじれあう、もつれあう、とっくみあう、もみあう、すれあう、こすれあう、すれ違いあう

② 混 交

溶けあう、まざりあう、まじりあう、いりまじりあう、交わりあう、入り乱れあう、入り組みあう

③ 重 積

重なりあう、折り重なりあう、ダブリあう、連なりあう

④ 隣 接

隣りあう、並びあう、向かいあう、向きあう、面しあう

⑤ 離 反

遠ざかりあう、遠ざけあう、離れあう

「(探偵が) 悪漢ともみあって墜死するという設定…」(新聞)
「わたしは兄さんと手をつなぎあって歩きました」(田宮虎彦『幼女の声』)
「妻と向き合っていて、心が通い合うという実感を持ったことがなかった」(丹羽文雄『渇き』)

このグループの中で「AがBと～あう」の形と「AがBに～あう」の二つの形を持つものがある。次はその例である。

「回教ナショナリズムの強いマレーシアに隣り合うインドネシアは、スカルノ時代から近代派がリードした」(新聞)
「サルトルの人気の消長は、戦後世界の変化にそのまま重なりあう」(新聞)

このほか、「AがBに [溶けあう/まじりあう/向きあう]」等の形も考えられるが、これは、「あう」の自立語としての働きが強く出ているからであろう。「あう」は、本来「AがB [と/に] 合う」の形を持っており、このグループのような、接触、隣接といった物理的な位置関係を示す語につく場合は、この「一致」という本義が生きており、前項動詞と対等に結合するものと思われる。

⑥ 集　合

集いあう、まとまりあう、固まりあう、群れあう、混みあう、ひしめきあう、茂りあう、うごめきあう、どよめきあう

「三人はかやを吊って固まり合ってねた」(阿川弘之『春の城』)
「バスターミナルでは各方面に向かうバスがひしめき合っていた」(新聞)
「白い道の両側に銀杏とプラタナスの並木が続き、目ざめるような緑の枝が繁りあっていた」(大田洋子『半人間』)

このグループの動詞は数が少ない。前項動詞は、集合や密集を意味する語であり、「あう」は、その意味を強調しているだけなので、除いても、意味は変わらない。単独で「固まりあい」、「ひしめきあう」ことは不可能だ

から、相手も同時に同じ行動を起こすことが必然となる。文型としては「AがBと～あう」の形よりも「(複数の主体者) が～あう」の形のほうが用いられる。

(c) 関係 (ものごとの抽象的なかかわりあい方)

① 関 連

かかわりあう、かかずりあう、関係を持ちあう

② バランス

つりあう、似あう、似通いあう、見あう ／ 引きあう

「われわれの健康が現代文明と深くかかわり合っていることを直視せねばなるまい」(新聞)

「アシュラフ王妃と前政府高官が麻薬取引に深くかかわりあっていた、と報じた」(新聞)

「二人は対局しながらしばらくはその駒にかかずりあっていた」(有吉佐和子『助左衛門四代記』)

「ほどのよい草いきれが、周囲のムードにちょうど釣り合っていた」(新聞)

用例に見られるように、このグループは、「AがBと」のほかに「AがBに～あう」の形を持つものが多い。これは、② の物理的接触の場合と同様に、「合う」の本義が強いためと思われる。さらに、次のように一語化し、分析しがたい語の場合は、「AがBと」の形は用いられなくなる。

「車の増加に見合うだけの道路整備がなされたかというと、そうでもない」(新聞)

「収入に見合ったマイホームも得た」(新聞)

「おれが栗や松茸を持っていってやるのに、そのお礼を言わないで、神様にお礼を言うんじゃ、おれは、ひきあわないなあ」(新美南吉『ごんぎつね』)

この例のように「見あう」は、ふつう格助詞「に」をとり、「引きあう」は、否定の形で用いられる。その場合、「～するのでは」のように条件の形

を伴うことが多い。このように物理的な接触や関係を表す場合は、「あう」の働きに「対称関係」を表す接尾辞的機能と本動詞の本義を担うものとが混在しているものと思われる。

(1–2) 遭　遇

このグループは数が少ない。本動詞「会う」、「合う」に前項動詞が付属的に結合し、一語化しているものである。

出あう、行きあう、巡りあう ／ 落ちあう ／ 立ちあう

「ふと金太郎といきあうような場合、自分でも顔色が変わっていくのがわかるようで、私はいつもしらじらと顔をふせました」（外村繁『山の小僧』）

「しかし、それからは一人の人間にも行き会わないで私はアパアトメントの入口に帰りついた」（川端康成『片腕』）

例のように、「行きあう」は、本動詞「会う」と同じく格助詞「と」と「に」をとる。「出あう、行きあう、巡りあう」は、無意志動詞として用いられる。それに反して、「落ちあう」と「立ちあう」は、意志動詞的に用いられるが、とる格助詞は、前者が「と」、後者が「に」というように異なっている。

「架山は室戸に連絡をとって貰って、一時に南浜で大三浦と落ち合った」（井上靖『星と祭』）

「放課後、各担任は掃除に立ち会い、点検した」（新聞）

「落ちあう」は、複数の人々が対等に約束して会うところから、格助詞「と」をとり、「立ちあう」は、人が事柄に対して一方的にかかわることを表すので、「に」をとるものと思われる。その「立ちあう」事柄は「検査、けいこ、撮影、公演、儀式」等社会的行動に関係のあることである。

【2】 交互に起こること

(2–1) 移　動

この類の動詞の主体は、有情物に限られる。

(a) 相手の領域への移動

訪れあう、訪ねあう、見舞いあう、泊まりあう、おしかけあう、招きあう、泊めあう、迎えあう、かくまいあう

(b) 相手の領域からの移動

追い立てあう、追い払いあう、退けあう、どかしあう、にがしあう、のがしあう、見送りあう

(c) 捕 捉

追いあう、追いかけあう、追い越しあう、つかまえあう、捕らえあう

「友だちが遊びに来てもすぐソソクサと親が迎えに来るし…とても気楽に泊まり合う雰囲気ではない」(新聞)

「親睦をはかるために、各家庭は招き合う」(丹羽文雄『渇き』)

(a) と (b) のグループの語は、互いを相手とする場合は、一方の相手の所在する所に移動したり、そこから離れたりすることを表している。一方が動く時、他方がとどまっているという条件のもとに成り立つ関係である。また、「追いかける」のように双方が移動するが、追手とその対象という一時的な不逆的立場が条件となる語もある。

(2–2) 働きかけの姿勢

この類の動詞も、主体は有情物に限られる。

(a) 手足等による働きかけ

投げあう、ほうりあう、ぶん投げあう、飛ばしあう、ぶっ飛ばしあう、回しあう、引きずりあう、転がしあう、横たえあう、踏みあう、踏んずけあう、またぎあう、埋めあう、うずめあう

(b) 手足等による付着動作

またがりあう、乗りあう、乗っかりあう、おんぶしあう、背負いあう、しょいあう、負いあう、担ぎあう、おぶさりあう、背中を流しあう、肩に乗せあう、肩車をしあう、耳打ちしあう

「この火事は明け方でしたが、消防車のサイレンが激しく聞こえるのでとび起き、友人と肩車をしあって写しました」(新聞)

「当然小さな村の人々はヒソヒソと耳打ちし合ったに相違いない」（雑誌）

これらの語は、人の動作にかかわるものであり、その姿勢的制約から、一方が働きかける場合は、他方はそれを受けるという関係でのみ成り立つ類である。例えば、同時に互いを「けりあう」ことや「なぐりあう」ことは可能であるが、柔道のように相手を「投げる」ことや相手の上に「乗っかる」ことは、同時には不可能である。また、同時に「抱きあう」ことはできるが、相手を「担ぐ」ことや「背負う」ことは、その姿勢の違いから、交互でなければ成立しないのである。

(2–3) 立場の交替

この類の動詞も、主体は有情物に限られる。

(a) 力の関係

治めあう、圧しあう、負かしあう、従えあう、虐げあう、命じあう、吊るし上げあう、泣かせあう、擁しあう、雇いあう、養いあう ／ 従いあう、服しあう、へつらいあう、侍りあう、かしずきあう、仕えあう ／ 論しあう、諌めあう、なだめあう ／ 起こしあう、寝かせあう ／ ～させあう、～されあう

(b) 受給の関係

授けあう、おごりあう、もてなしあう、たかりあう、恵みあう、献じあう、教えあう、答えあう、教わりあう、習いあう、まねしあう

(c) 順序の関係

番号をかけあう、合いの手を入れあう、口をはさみあう

「財産を殖やすのは、主婦の務め。サラリーマン夫人も不動産や株を売買したり、お金を融通しあう頼母子講が盛ん」（新聞）

「『点呼』と呼ぶ。一、二、三、四…、凍りついたような声で人質たちが番号をかけ合った」（新聞）

「みんなのほうで、ひとりが流行歌を歌いだして、あとをつけたり、合いの手を入れあったりした」（佐多稲子『キャラメル工場から』）

(a) と (b) の語は、立場の上で、一方が何らかの力を持って働きかけ、他方がそれに応じるという関係を表している。「治める」という行為が成立するためには統治者と被統治者が必要なわけで、互いが同時に相手を治めることはできないのである。「従う」、「教わる」、「起こす」等、みな同じ一方的な力関係の立場を示すものである。このグループの語は、結局、「～させる」という使役の形、「～される」という受け身の形に象徴されるものであり、各々何らかの形で、使役か受身の性質を内包していると言えるであろう。

(c) のグループは、相手との力関係ではないが、順序という枠づけの中では、やはり同時に成立しない立場を持つものとして一応ここに含めておいた。以上、いろいろと見てきたが、結局、この二者の相互動作が交互にしか成立せぬグループの語は、主体が同時に客体であることが不可能な類の動詞に属すると言えよう。

【3】 同時に、交互に起こること

(3–1) 働きかけ

この類は、動作・作用の生じる時間に制約のないものである。このグループに属する動詞は非常に数が多い。特に有情物を相手とする動詞、すなわち、「人［を／に／と／から］～する」の形を持つものには、ほとんど「あう」がつく。そのうちの一部を挙げておく。

(a)　物理的な働きかけ

なぐりあう、叩きあう、突きあう、つつきあう、刺しあう、けりあう、殺しあう、引張りあう、押しあう、支えあう、触りあう、かぎあう、もたれあう、切りあう、出しあう、つかまりあう、すがりあう、こづきあう、奪いあう、取りあう、なめあう、ゆさぶりあう、暖めあう、鍛えあう、ひっかきあう、噛みつきあう、さすりあう、撫であう、見せあう、挑みあう、つかみあう

(b)　心理的な働きかけ

微笑みあう、見つめあう、甘えあう、頼りあう、いばりあう、励ましあう、疑いあう、信じあう、羨みあう、妬みあう、戒めあう、許しあう、確かめあう、慰めあう、労りあう、かんぐりあう、騙しあう、案じあう、

裏切りあう、ごまかしあう、化かしあう、思いあう、ねぎらいあう、かばいあう、敬いあう、重んじあう、認めあう、恨みあう、惚れあう、喜びあう、悲しみあう、嘆きあう、求めあう

(c) 社会的な働きかけ

話しあう、言いあう、告げあう、喋りあう、語りあう、述べあう、囁きあう、頷きあう、誓いあう、与えあう、伝えあう、知らせあう、打ち明けあう、応じあう、譲りあう、勧めあう、訴えあう、助けあう、補いあう

「知っている人となぐり合うのは、どうも気が進まず、ファイトもわいて来ないのだろう。力による戦いとはそうしたものだ」(新聞)

「握手して二人は空いた手で互いの肩を軽く叩き合った」(富士正晴『愛想のない話』)

「みんなで励ましあいながら、この一年は頑張りぬいた」(新聞)

「気の毒な人もいるので、席をゆずり合いましょう」(新聞)

「よい材料が手近にあったことと、日本人の器用さがおぎないあって、日本の竹文化は非常に洗練されたものになった」(雑誌)

「事件が起こった周辺では、自治会単位で注意を呼びかけ合ったり、バス停まで家族が迎えに出るなど…恐怖感に包まれていた」(新聞)

以上、相互動作・作用について見てきたが、「ぶつかりあう」、「面しあう」、「つりあう」のように接触、位置関係、バランスなどに関係のある語のほかは、大部分が有情物の意識的行為であることが分かった。この類の語は、「～あう」に関し最も基本的で、多く用いられる形であると言えよう。

8.4 共同動作を表す「～あう」

相手と共同で共通の対象に働きかける動作である。もちろん相互動作の項で挙げた語は、ほとんどこの共同動作の形態もとるが、それについては、すでに触れたので、ここでは省き、この共同動作の形をとるもののみを対象とすることにする。この類に属するものは、有情物の意識的行為に限られる。

【1】 同時に起こること

(1–1) 分 担

分かちあう、分けあう、分担しあう

「同じ病に悩む方々、共に苦しみを分かち合い、励ましあおう」(新聞)

「昔は喜寿や米寿のお祝いには、子供たちや親類、知人が集まって、お互い費用を分担しあった」(新聞)

一つの物事を分けたり、分担したりするのは、それにかかわる者が複数であり、かつ同時参加でなければならないという条件を伴う。これは、前に触れた「集いあう」とか「群れあう」というような集合を表す動詞と同じ条件である。

【2】 交互に起こること

(2–1) 交互的対物動作

着あう、身につけあう、はきあう ／ 車を運転しあう

用例は採取できなかったが、例えば「貧しい兄弟は、たった一枚のセーターを交替で着あった」というような文では、「着る」という行為の身体的制約から、二者が同時に一枚のセーターを着ることはできない。これは、二人でも同時に同じ布を「まとい」、「かぶる」ことができるのと対照的である。また、ふつうの車は、一人で運転することになっているので、「あう」がつけば交互行為を意味する。

【3】 同時に、交互に起こること

(3–1) 一方的対人動作

あやしあう、馴らしあう、育てあう、飼いあう、弔いあい、悼みあう、供えあう、手向けあう

「俊斉と平野とは京都以来の対面だった。久闊を叙し、月照の死を悼み合った」(海音寺潮五郎『西郷と大久保』)

ここに挙げた語は、「あやす」や「育てる」のように年長者が年少の者を対象とするもの、「飼う」のように人が動物を対象とするもの、「悼む」や「弔う」のように生者が死者に対して行う行為など、その立場が不可逆的な

ものである。したがって、「二人があやしあっている」という文があるとすれば、それは互いを相手とする相互行為ではなく、二人が各々幼児に向かってあやしているという意味しか持ち得ない。これは、すでに述べた「起こしあう」や「負かしあう」が、時間さえずれれば、立場の転換が可能になるのと対照的である。すなわち、これらの行為は、永久に一方的な立場関係を表しているのである。

(3–2) 共同的対物動作

植えあう、掘りあう、縫いあう、焼きあう、作りあう、織りあう、耕しあう、沸かしあう、燃やしあう、片付けあう、練りあう、席を詰めあう、設けあう、読みあう、奏であう

「新幹線に乗り合わせた皇太子ご夫婦が席を移動されてつめ合い、他の車両で立っていたお年寄りなど十人に席を譲られていた…」(新聞)

「その二人は、一冊の本を、ベンチで座って、交互に読みあっていた」(新聞)

先の対人行為を表す語が限られているのに対して、ここに属す語は多い。これは、人が物に働きかける場合、ほとんど共同で行うことが可能だから、「あう」がつき得るのであろう。ここでは、代表的な例を挙げるにとどめた。

8.5 並行動作・作用を表す「〜あう」

このグループは、その動作・作用の生じる時間に制約がない。複数の主体者が場を同じくするだけで、各々が単独に動くのだから、共起的でも交互的でもかまわないわけである。主体が有情物と非情物の場合がある。

【1】 同時に、交互に起こること

(1–1) 自動的動作 (自動詞の類)

うなりあう、黙りあう、沈黙しあう、喚きあう、暴れあう、はしゃぎあう、いきまきあう、騒ぎあう、うろたえあう、うなだれあう、いら立ちあう、安らぎあう、呻きあう、浮かれあう、塞ぎあう、むくれあう、力

みあう、ひがみあう、脅えあう、おののきあう、臆しあう、すくみあう、とまどいあう、涙ぐみあう、むせびあう、むせあう、めざめあう、汗しあう、よろめきあう、もがきあう

「親子は暫く沈黙し合っていた」（李恢成『砧をうつ女』）

「夫婦とはしょせん他人、裏切ったり裏切られたりしながら、やはり最終的には一番安らぎ合えるカップル」（新聞）

「アメリカ人学生たちのほうは人目につく無礼なしぐさでふざけており、…ビールを飲んだり、傍若無人にわめき合ったりした」（新聞）

このグループの語は、感情に関する語が多い。ほかにもあるが、一応代表的な例を挙げるにとどめる。動作そのものに関する語は、共同の動きをすることが強調されるもの、例えば、共通の心労で「よろめきあう」ことや、共通の労働で「額に汗しあう」ような事柄が多い。したがって、共有の場を強調する必然性の薄い場合、「歩きあう」とか、「帰りあう」などとはふつう言わない。

(1–2) 自動的動作（他動詞の類）

声を荒げあう、唇をふるわせあう、口をつぐみあう、息をはずませあう、口をとがらせあう、声をひそめあう、顔をしかめあう、目を輝かせあう、目をつぶりあう、涙を流しあう、涙を浮かべあう、目を腫(は)らしあう、煙をふかしあう、肩をいからせあう、肩をすぼめあう、胸をはだけあう、首を傾けあう、腰をかがめあう、身を伏せあう、汗をたらしあう、腹をすかせあう

「そのふしぎなできごとに、二人はしばらく首をかしげあいました」（伊藤永之介『くまの出る村』）

「彼らは互いに片時も離れられないように、ますます執着を深めつつ、絶間なく、そういうこじれた熱情の衝突から涙を流し合った」（宮本百合子『伸子』）

上の２例は、他動詞の形をとっていても、自動詞的な働きをする（いわゆる「再帰用法」を持つ）ものである。すなわち、「首を傾げる＝不思議に思う」、「涙を流す＝泣く」と言い換えることができる。この類のあるもの

は、「涙が流れる、唇が震える」のように対応する自動詞の形を持っているが、「涙が流れあう」とか「唇が震えあう」のような形をとることはない。これは、「～あう」が基本的には有情物を主体とする動詞だからであろう。

(1–3) 物理現象

響きあう、輝きあう、きらめきあう、瞬きあう、ゆらめきあう、照りあう、うねりあう、はじけあう、はねあう、軋りあう、軋みあう

「雄鹿の闘っているらしい角と角との鋭い軋み合う音が聞こえていた」（今東光『役僧』）

「『光の川』とは、たくさんの瞳がはるかな時間、空間を超えて輝き合っているような状態」（新聞）

これらの語は、波、光、音など粒子の集合体によって生じる物理的現象に関するものである。このような自然現象に関する語で「あう」がつくのは、ごく限られている。

【2】 その他

以上、「あう」のつく動詞の意義特徴を中心に、その分類を考えてきたが、どの項にも入らないものがある。「かけあう、請けあう、とりあう」である。これらの語は、一語化しており、分析しにくいが、最後に触れておきたい。

「フェル組織委員長は連邦政府とかけ合って援助を要求しているが…簡単にいきそうもない」（新聞）

「小型の自家発電装置の購入を今、県教委にかけあっているところなんです」（雑誌）

この例にあるように「かけあう」は、一方的行為であるが、格助詞は「と」と「に」をとる。

「『耳の負傷なんぞ、三日もすればすぐなおります。』とうけあった」（幸田文『あか』）

「鉄三に文句を言っても、ただ、にやにや笑うだけで、とりあわないの

です」(小山勝清『いどむ鉄三うし』)

「請けあう」も「とりあう」も格助詞は、「に」をとるが、「請けあう」のは、話し相手に対してであり、「とりあわない」のは、行為をしかけた者に対してである。このように相手が限定されるので、格助詞は略されることが多い。なお、「とりあう」は多くは否定の形で用いられる。

8.6 「〜あわせる」の複合動詞

「〜あう」と比べると「〜あわせる」の複合動詞の数は、はるかに少ない。80語ぐらいである。これは、「あう」の形式化の度合が強く、接尾語化しているのに対して、「あわせる」は、自立語の本義を色濃く残しており、語彙的複合動詞としておのずから結合する動詞が限られるからである。これは、「あわせる」と対応するもう一つの自動詞「〜あわさる」にも言えることである。自立語「あう」:「あわせる」:[あわさる」の自動詞、他動詞としての意味的対応が、必ずしも複合動詞の場合は一致しないのである。この節では、「〜あわせる」の意味・用法を調べ、あわせて「〜あう」と「〜あわさる」との関連も考えてみたい。

「まず、「〜あわせる」は、「あう」と対応する他動詞なのか、それとも、使役の形なのかをはっきりさせなければならない。結論を先に言えば、使役の形として用いられることはあるが、非常に少ない。他動詞と見てよいと思われる。それは、次の理由によるものである。

(1)　使役形は、ふつう転成名詞の形をもたない(ただし、最近は「やらせ」という語が使われるようになった)。「行かせる→行かせ」のようにはならないが、「〜あわせる」は「持ちあわせ」、「つけあわせ」のように名詞の形がある。

(2)　「〜あう」を使役形にするには、「言わせあう」、「読ませあう」のように前項動詞が変形する場合が多い。特に前項動詞がサ変動詞の場合、「〜させあう」がふつうで、「〜しあわせる」の形は避けられる。使役に「〜あわせる」の形をとるにしても、相互動作に限られる。次は、採取例の唯一の例である。

「日本橋のデパートで野菜と果物のセリ市をやっています。お客の主婦に値段をせり合わせるのですが、主婦はなかなか声をかけません。ふだん買うお店より少しでも安くと思っているからです」（新聞）

ここでは、他動詞の「～あわせる」を扱うのであるが、「～あわす」の形も含めて考えることにする。自立語の「あわせる、あわす」の本義は、『学研国語大辞典』（第１版）によれば、「二つ以上のものをいっしょにする。くっつける」ということである。「～あう」は、複数の主体が前提であったが、寺村（1978: 47）によると、「～あわせる」は、複数の対象を前提とし、基本的には次のような可逆的な関係が成り立つ。

Ａを B と～する ⇔ B を A と～する ⇔ A と B とを～する

また、自立語の場合と同様に、「[A を B に／AB を] ～する」の形もとる。次は、「～あわせる」の分類を表にまとめたものである。

<table>
<tr><th>「～あわせる」の複合動詞</th><th>自動詞か他動詞か</th><th colspan="2">意味特徴</th></tr>
<tr><td>【1】
(1–1)　A を B [と／に]　～あわせる
紙 を布　と　重ねあわせる</td><td>他＋あわせる＝他</td><td>接　合</td><td rowspan="3">合　致</td></tr>
<tr><td>(1–2)　A を B [と／に]　～あわせる
肉 を野菜　と　つけあわせる</td><td>他＋あわせる＝他</td><td>併　合</td></tr>
<tr><td>(1–3)　A を B [と／に]　～あわせる
訳文 を原文　と　照らしあわせる</td><td>他＋あわせる＝他</td><td>一致・照合</td></tr>
<tr><td>【2】　A が B [と／に]　～あわせる
彼 が友　と　泊まりあわせる
彼 が現場　に　行きあわせる</td><td>自＋あわせる＝自</td><td colspan="2">臨　場</td></tr>
</table>

次に、各項目に属する動詞について考える。

【1】 合　致

(1–1) 接　合

重ねあわせる、組みあわせる、張りあわせる、束ねあわせる、絡みあわせる、綴じあわせる、つなぎあわせる、つぎあわせる、結いあわせる、結びあわせる、はぎあわせる、縛りあわせる、くくりあわせる、縫いあわせる、編みあわせる、まつりあわせる、綴りあわせる、かがりあわせる、くけあわせる、嚙みあわせる、ぶつけあわせる、混ぜあわせる、かけあわせる、打ちあわせる、突きあわせる、叩きあわせる、こすりあわせる、すりあわせる、握りあわせる、寄せあわせる、足しあわせる、こねあわせる、ねじあわせる、ねじりあわせる、練りあわせる、よりあわせる、よじりあわせる、締めあわせる、抱きあわせる、掻きあわせる、もみあわせる ／ 引きあわせる ／ 見あわせる、抜きあわせる、裁ちあわせる、畳みあわせる

「もう二頭の猛牛は、四つに組んで角と角をつきあわせていた」（小山勝清『火をはく死闘』）

「古い巨木を中心に板切れを継ぎ合わせテント布を張り合わせた、粗末な小屋という方がふさわしい」（新聞）

「酢みそは、酢に少々のミリンと砂糖をすり合わせて作る」（新聞）

「飛行船にヘリコプターの回転翼を組み合わせることによって、飛行船の運航は飛躍的に安定すると考えられた」（新聞）

「ジョアンナが彼女の夫を朝子たちにひき合わせた」（山本道子『魔法』）

「私は隣りの兵士と顔を見あわせた」（大岡昇平『浮虜記』）

これらの語の構成（前項動詞と「あわせる」の関係）は次のようになる。

（1） 手段 （例）張りあわせる＝張ってあわせる

（2） 順序 （例）抜きあわせる＝（刀）を抜いてからあわせる

前項動詞は、「重ねる」や「張る」などのすでに接合の意味を持っているものが多い。「引きあわせる」は、自立語「会わせる」に接頭語がついたものであるが、ふつうは初対面の人たちに用いられる。「見あわせる」は、「[目／顔] を」と対象が限られており、互いの視線による接触を意味している。

(1–2) 併　合

炊きあわせる、炒めあわせる、煎りあわせる、活けあわせる、盛りあわせる、つけあわせる、とりあわせる、詰めあわせる、入れあわせる、織りあわせる

「野菜とトリ肉と炒め合わせたのもある」（新聞）

「パン食には牛乳…生野菜といったものがつけ合わされる」（新聞）

これらの語は、「あわせて炒める」、「あわせてつける」のように言い換えられる。前項動詞は、作業に関係のある語である。接合そのものよりも、合わせた作業の結果に重点がある。

(1–3) 一致・照合

照らしあわせる、聞きあわせる、尋ねあわせる、問いあわせる、比べあわせる、にらみあわせる、考えあわせる、思いあわせる ／ 打ちあわせる、読みあわせる、言いあわせる、申しあわせる ／ 示しあわせる、誘いあわせる、待ちあわせる ／ (出発を) 見あわせる、間に合わせる、繰りあわせる ／ 埋めあわせる ／ 持ちあわせる

「リンゴは市場の相場をにらみ合わせて、出荷される」（新聞）

「ヘンリー・ミラーが亡くなった。88 歳であるから、文学的業績と思い合わせても、天寿を全うしたと言っていいだろう」（新聞）

「ここに紹介する二冊の本は…なかなか興味深いが、さらに両者を読み合わせることによって、読者は偉大な文学者の内面を否応なしに垣間みることができるだろう」（新聞）

前項動詞は、情報収集に関する語が多い。これらの語は、次のように分けられる。

（1） 判断を下すため複数の事柄を合わせて考慮する。
　(例) 考えあわせる

（2） 複数の者がある目的のために行為を同じくする。
　(例) 示しあわせる

(1) の類では複数の事柄がはっきり文に表されないものもある。例えば、「役所に日時を問い合わせる」は、「自分の予想した日時と」という部分が略されている。「見あわせる」も同様である。用例を見てみよう。

「乗客が騒いだため、電車は発車を見合わせた」（新聞）

この例は、発車という予定の行動と不満足な現状とを合わせて考え、発

車を延ばしたと解せられる。この場合の補語は、「出勤、参加、入院、出願、進学、開業、放映」等、動作性名詞か、あるいは、「～するのを」の形をとる。また、「繰りあわせる」と「埋めあわせる」は、現状打解を図って補いをする意味に転化している。「埋めあわせる」は「～を～で」の形をとることが多い。

「かつては、損をする路線は赤字を、もうかる路線の黒字で埋め合わせる、いわゆる内部補助が、国鉄に可能だった」（新聞）

「持ちあわせる」は、「あわせもつ」の意と、その場の要求に一致するものをたまたま備えているという意と二つある。次は各々の例である。

「ロージー（ロザリン夫人の愛称）は、しとやかさと信念を持ち合わせた静かでソフトな女性だ」（新聞）
「こちらではそんな金持ちの子供なんて見たことがない。オトナだってほとんど現金など持ち合わせない…」（新聞）

これは、このグループ唯一の無意志動詞で、(1) の意味からずれている。なお、「読みあわせる」には、ほかに「二人で台本を読みあわせる」のように (2) の複数者による行為の意味で用いられることもある。

【2】 臨　場

居あわせる、行きあわせる、来あわせる、巡りあわせる、通りあわせる、生まれあわせる、座りあわせる、乗りあわせる、泊まりあわせる、隣りあわせる

「殺人の現場に行き合わせたのですか」（佐藤春夫『女人焚死』）
「旅行中、このアジア国際列車で 34 回も往復したというベテランと乗り合わせた」（新聞）
「新聞記者といえども、ズバリ事件に居合わすことはめったにない。機会をつかんだら生かさねばならない」（新聞）

このグループの語は、偶然何かに遭遇したことを表す類である。それが事件等「事柄」であれば、格助詞「に」をとり、「人」であれば、「と」を

とる。全て自動詞で、無意志動詞となる。

筆者は、姫野 (1982a: 44) で上のような分類を行った。これに対し、影山 (1993: 112–113) では、(1–3) [一致・照合] に属している「示しあわせる、誘いあわせる、待ちあわせる」の 3 語は、【2】の [臨場]「居あわせる」のグループに帰属するのではないかと疑問が呈されている。その理由は、これらの語は、「『目的』となる事物そのものを『合わせる』わけではない … (「居あわせる」) の例では複数の事象が偶然に起こるのに対して、(「待ちあわせる」) の例では複数の事象が意図的に同時性を持たされる。いずれも事象ないし行為そのものの (時間的) 合致を意味し、両者の違いは V1 (前項動詞の意——筆者注) が意図的意味を持つかどうかで決まってくる」と論じている。

この点に関しては森田 (1977: 57) で「複数の人間による互いの行為の一致。…人間行為を『合わせる』」ものとして、(1–3) の「聞きあわせる」のグループの中にこの 3 語も含めている。筆者もこの考えに従うものである。確かに「待ちあわせる」等の 3 語は、同じグループの他の語と比べて、複数の人間が同じ場所を移動するあるいは存在することを意味するので、「場所」の観点から言えば、「居あわせる、来あわせる」に近い。複合動詞を分類してはみても、「あわせる」自体は共通なのだから、意味的には全て連続性がある。その意味でこの 3 語は、(1–3) と【2】のグループの中間的な位置にあると言えよう。しかし、どちらかに分けるとすれば、(1–3) のほうがふさわしい。それは意図性の有無が両者の相違点として大きいからである。3 語は (1–3) のグループの他の語と比べ、明確に「合わせる」事柄が文構造としては示されていないが、次のように考えることができる。

- 「二人は示しあわせて、嘘の証言をした」
  → 二人は、嘘の証言内容を前もって互いに示し、合わせて (=一致させて) から証言した。
- 「近所の人達が誘いあわせて、盆踊りに参加した」
  → 近所の人達は、前もって行く場所と時間を互いに相談し、合わせて (=一致させて) から誘って参加した。
- 「二人は雷門の前で待ちあわせた」

→ 二人は前もって待つ場所と時間を合わせて（＝一致させて）から、互いの来るのを待った。

【2】の「居あわせる、来あわせる」のグループでは、複数の人間が何も「合わせず」偶然行為が合致したということを表している。すなわち「～あわせる」が自動詞化、無意志化しているのは、後項動詞としての働きに質的な大きな違いをもたらすのではないかと考えられる。

8.7　「～あわさる」の複合動詞

このグループの語は、「接合」の意の「～あわせる」と対応しており、いくつか共通の動詞と結合する。

重ねあわさる、組みあわさる、つなぎあわさる、張りあわさる、噛みあわさる、絡みあわさる、よりあわさる、ないあわさる

「父方と母方の遺伝子がペアに組み合わさって、新しい生命が誕生する」（新聞）

「日本の縄文式時代の人骨では上歯と下歯とはぴったり咬み合わさっているが…」（大野晋『日本語をさかのぼる』）

「その言葉には四十歳で妻を失った男の感傷と五児の親の気丈さがない合わさっていたはずだった」（李恢成『砧をうつ女』）

「～あわさる」の複合動詞の数が少ないのは、ほとんどの場合、「～あわせる」の受身形、例えば、「結びあわされる」、「まぜあわされる」のような形で代用されるからであろう。

8.8　まとめ

以上、「対称関係」を表す「～あう」と「～あわせる」の意味・用法を見てきた。前者は、サ変動詞や外来語にもつき、造語力が豊かである。これに対し、「～あわせる」は、自立語の意味や機能が強く残っており、限られた語にしかつかない。ふつうは複合動詞を形成する後項動詞が自他の対応

をなしている場合は、他動詞のほうが働きが大きい。例えば、次のような語である。

他動詞　　　　自動詞
「～あげる」＞「～あがる」
「～かける」＞「～かかる」
「～だす」　＞「～でる」

「～あう」と「～あわせる」は、これと逆の場合であるが、これは、自動詞の「～こむ」のほうが「～こめる」より働きが大きいのと似ている。
同じ「対称関係」を表すといっても、両者の意味するところは異なる。

{二人が板を打ちあう
 二つの板を打ちあわせる
{二人が考えあう
 両者を考えあわせる
{二人が交互に車に乗りあう
 二人が同じ車に乗りあわせる

なお、「～あう」と似ているものに「～かわす」がある。

言いかわす、鳴きかわす、呼びかわす、ほほえみかわす、とりかわす、見かわす、くみかわす、投げかわす

これらの語は、僅か 10 語前後で、文体的にもやや古めかしく、その働きは限られている。「～かわす」は、意志的動作のみを表し、相手を対象とする相互動作に限られている。

言いかわす：相手との挨拶、約束　（相互動作）
言いあう　：① 口論　　　　　　（相互動作）
　　　　　　② 口々に勝手に言う（並行動作）

また、文語的な接頭語「相～」も似た働きをする。

相打つ、相伴う、相反する、相対する、相見る、相寄る、相知る、相思う、相照らす、相整う

これらの語も限られており、「～あう」の働きの大きさとは比ぶべくもな

い。「あう」は、「愛する」のような相手への一方的な働きかけを相互行為に変える力をもっている。そのほか、「折る」、「わたる」のような対人行為とかかわりのない語にもつき、「折りあう」、「わたりあう」と新しい意味を持った語を作り出す。「～あう」と「～あわせる」は、日本語における「対称関係」表現を考える上で欠くことのできない重要な働きを担っていると言えよう。

第9章

「〜きる」、「〜ぬく」、「〜とおす」

9.1　完遂を表す複合動詞類

複合動詞を構成する後項動詞の中で、動作・作用の完遂や完了を表すものがある。「おわる」、「おえる」、「あがる」、「きる」、「ぬく」、「とおす」、「つくす」、「はたす」等である。このうち、「きる」、「ぬく」、「とおす」は、「切断」や「貫通」という具体的な動作を表す語の意味が転用され、完遂や完了を意味するようになったものである。

「走りきる」、「走りぬく」、「走りとおす」は同じ意味を表すように見える。しかし、「売りきる」と「売りぬく」は意味が違ってくる。前者は、品物が全部はけることを意味し、後者は、一貫して売り続けることを表している。

また、それぞれが接続する動詞も同じものとは限らない。「乾ききる」とは言うが、「乾きぬく」とか「乾きとおす」とは言わない。「捨てきる」はいいが、「捨てぬく」は変だ、というような違いがある。この章では、このような類似の3語を取り上げ、各々の相違点を明らかにしたい。

これらは、統語的複合動詞であるが、「きる」が最も結合する動詞の範囲が広く、働きも大きい。「きる」が本義「切断」の意味を表すのは、20数語に限られており、完了の意で用いられる場合がほとんどである。特に「〜きれない」と可能の打消しの形をとることが多い。「死にきった」とか「断りきった」とは言わないが、「死にきれない」とか「断りきれない」というような表現はよく用いられる。このように「〜きる」の形はとらないが、「〜きれない」の形でなら用いられるという語は非常に多い。これは、他の後項動詞には見られぬ特徴である。

鈴木 (1976: 73) のように、いわゆる可能動詞の中に「～かねる」や「～得る」を含める考え方もあるが、「～きれない」もそれに劣らぬ働きをする。大いに注目すべき、頻度の高い後項動詞である。まずこのような「～きる」について考察する。次に、「～ぬく」と「～とおす」の意味・用法を明らかにし、「～きる」との違いについて考えてみたい。

9.2 「～きる」の複合動詞

「～きる」のアスペクト上の役割については、これまで言及はされてきた。例えば、佐久間 (1966: 173) では“事象の結構、動作の様態”のうち“究極的遂行”を表すものとして「～とおす、～きる、～ぬく」が挙げられている。また、金田一 (1976: 17) によれば、「～きる」は、「完全に」の意味を表し、前に来る動詞の種類によって次のように分けられるという。

(1) 継続動詞につくと、「全部」、「終わりまで」を意味する。
　(例) 本を読みきる

(2) 瞬間動詞にはあまりつかないが、もし、つけば「十二分に」の意である。
　(例) 分かりきったこと

(3) 状態動詞、第四種の動詞にはつかない。例えば、「ありきる」などとは言わない。

確かに、「～きる」の場合は、接続する動詞のアスペクト上の性質によって上の二つに大別することができる。しかし、瞬間動詞につくと、「疲れきる」や「荒れきる」などのようにマイナス評価を表す場合が多く、必ずしも「十二分に」というプラスの評価を持つとは言い難い。むしろ、継続動詞についた場合には、「走りきる」や「演じきる」のように課された事柄を期待どおり「十二分に」果たしたという意味を表すことが多い。また、前掲の金田一論文によれば、瞬間動詞にはあまりつかないということであるが、その類のサ変動詞 (例えば、「疲労しきる」、「悪化しきる」) や、動詞の受身形 (例えば、「毒されきる」) 等にもつくので、実際の複合動詞の数は、かなりの数になるものと見られる。

「〜きる」は、本動詞の「切る」の意味で用いられる語彙的複合動詞の場合と、接辞的に統語的複合動詞として用いられる場合に大別される。後者は、さらに二つのグループに分かれる。すなわち、継続動詞について行為が完遂することを表すものと、瞬間動詞について極度の状態に達することを表すものである。次はその分類を表にまとめたものである。

A　語彙的複合動詞

「〜きる」の複合動詞	自動詞か他動詞か	意味特徴
【1】対象　[を]　　〜きる		
鉄棒　を　焼ききる	他＋きる＝他	**切　断**
難局　を　乗りきる	自＋きる＝他	**終　結**

B　統語的複合動詞

「〜きる」の複合動詞	自動詞か他動詞か	意味特徴
【2】人　[が]　　〜きる		
学生 が　走りきる	自＋きる＝自	**完　遂**
対象　[を]　　〜きる		
小説　を　読みきる	他＋きる＝他	
【3】　　　　〜きる		
手足が　冷えきる	自＋きる＝自	**極　度**
対象　[を]　　〜きる		
相手　を　なめきる	他＋きる＝他	

次に、各項目に属する複合動詞について考える。

A　語彙的複合動詞

【1】　切断・終結

掻ききる、かっきる、かみきる、食いきる、ひききる、すりきる、ねじきる、ねじりきる、はさみきる、焼ききる、叩ききる、撫できる、打ちきる、ぶちきる、ぶっきる、ぶったぎる、突ききる、突っきる、断ちきる ／ 振りきる、ふっきる、思いきる、諦めきる、押しきる、割りきる、言いきる、踏みきる、乗りきる、寄りきる ／ 仕きる

「切る」が物理的切断を表す場合、前項動詞は、その方法や様相を示し、「〜して切る」、あるいは「〜するようにして切る」と言い換えられる。

「母親が夫と三人の子供のノドをナイフでかき切ったあと、自らも胸を刺して窓から飛び降りた」(新聞)

「突っきる」は、本動詞「行列を切る」の横断の意味が残っている。

「風を背に受けながら…草原をつっきってこのペンションに帰るところである」(高樹のぶ子『百年の預言』)

「切る」が抽象的な事柄を対象とする場合は、森田 (1977: 185) によると、「続き広がっていく行為や事柄にけりをつけ、打ち切る終結行為」を表すが、前項動詞と「切る」との意味関係は、語によって異なる。

「自分は、人間を極度に恐れているから、それでいて、人間をどうしても思い切れなかったらしいのです」(太宰治『人間失格』)

この「思い切る」は、人間に対する「思い」を「切る」ことを意味する。

「彼は上司らの説得を振り切って店を出たという」(新聞)

説得を「振るようにして」「切り」、けりをつけるという意味になる。

「政府は…見せかけの出撃作戦に踏切った」(船山馨『蘆火野』)

この文の「踏みきる」は、他の作戦計画を「切り」捨て、決定した出撃作戦に「踏み」出すという意味を表す。

以上、数例を挙げてみたが、どの語も、人が目的を完遂するため、余分なことは切って捨て、決断したことに踏み出すという意味を共通に持っている。

筆者は、姫野 (1980: 26) で上のようなことを述べたが、これに対し、石井 (1988b: 292) において「『けりをつけ、打ち切る』と『最後まで完全に行う』とは相反する行為であり、これらの間に意味の変容を見ることはできない」と指摘を受けた。「けりをつけ、打ち切る」場合、確かに事実上は、完遂ではなく、未処理のものが残存している。しかし、実行者の意識の上ではそれらを「切って」無に帰し、終結状態に切り替えるのである。これらの語は、終結から完遂へ、意識上の連続性の中間に位置するように思える。

B　統語的複合動詞

このグループは、継続動詞と結合して「完遂」を表すものと、瞬間動詞に結合して「極度の状態」を表すものがある。しかし、瞬間動詞の中でも複数の主体の行為が一つのまとまりと見なされ、「～きる」が「完遂」を表す場合もある。「人々は会場のいすに座りきれず外まで溢れた」の例では、瞬間動詞「座る」が次々人の座っていく行為として継続的にとらえられている。このような場合は「完遂」を表すものに属する。

【2】 完　遂

「きる」の結合する継続動詞は、大部分が人の意志的行為を表す語である。「きる」は、行為の単なる終了を表すのではなく、行為者の予定どおり（質、量ともに）完全に行われることを表している。「いやいや食べ終わった」とは言えるが、「いやいや食べきった」とは言えない。「食べきる」という行為は、主体者の積極的な意図に支えられている。

また、行為終了の結果、予定されていた食べ物は完全に食べてしまった、残りが少ないということも意味する。この場合、「食べきる」の反対の意味を表すものとして「食べ残す」という語が考えられる。このように「～きる」は、“作業量”とでもいうべきものを数量で表せる類の動詞、例えば「3個食べる」、「5キロ走る」、「7ページ読む」の類の動詞にはほとんどつく。

前掲の石井論文（1988b: 291）には、興味深い指摘がある。例えば、「燃料を使いきる」において「きる」は、実は燃料が「切れる」（＝なくなる）という客体の《変化》を表している。「『モノがなくなる』から『コトが完全に行われる』への変容」を示すというのである。「～きる」に内包される、このような「ゼロへの《変化》」性が「～終わる」等との相違を示しているものと思われる。

次に、このグループの動詞の中から代表例を選んで考えてみよう。

- 自動詞＋「きる」

走りきる、歩ききる、泳ぎきる、滑りきる、渡りきる、上がりきる、登りきる、おりきる、くだりきる、曲がりきる、回りきる、逃げきる、逃れきる、脱しきる、入りきる、出きる、変わりきる、なりきる、籠りきる、付ききる、かかりきる、耐えきる、抗しきる、戦いきる、戻りきる、尽くしきる、応じきる、燃えきる

- 他動詞＋「きる」

防ぎきる、凌ぎきる、生かしきる、果たしきる、窺いきる、考えきる、見届けきる、祝いきる、諌めきる、ほめきる、だましきる、ごまかしきる、欺ききる、偽りきる、確かめきる、とらえきる、とりきる、奪いきる、癒しきる、賄いきる、扱いきる、操りきる、あしらいきる、改めきる、絞りきる、開けきる、閉めきる、(戸を) たてきる、埋めきる、うずめきる、入れきる、満たしきる、集めきる、詰めきる、配りきる、分けきる、数えきる、出しきる、与えきる、払いきる、捨てきる、消しきる、熱しきる、売りきる、買いきる、貸しきる、借りきる、使いきる、毒しきる、捌ききる、こなしきる、洗いきる、ぬぐいきる、食べきる、飲みきる、読みきる、書ききる、歌いきる、踊りきる、描ききる、演じきる、表しきる、暴ききる、隠しきる、固めきる、投げきる、押さえきる、交わしきる、漕ぎきる、守りきる、こらえきる、避けきる、断りきる、支えきる、律しきる、制しきる、勧めきる、やりきる、行じきる、合わせきる

「わずか2週間で初版の2万部を売り切った」(新聞)
「ギリシャ女性の一人が勝手にマラソン競争に加わり、4時間半で走り切ったというのがある」(新聞)
「どこの家庭にも乾物類はストックされているものですが、苦労して梅雨をこさせるよりできるだけ早く使い切ってしまいたいものです」(新聞)

これらの例のように、ある期間内の“完遂度”を表す場合に「2週間で」、「4時間半で」、「できるだけ早く (梅雨の来ぬうちに)」といった期限を示す語を伴うことが多い。

このような「～きる」と似たものに「～尽くす」や「～果たす」があるが、これらは、残余がなくなる、ゼロになるというほうに重点があり、文

脈によってはマイナス評価の意味を持つことが多い。例えば、上に挙げた例の「乾物類はできるだけ早く使い切ってしまいたい」の部分を「使い果たしてしまいたい」とは言い換えられない。「〜果たす」がつくと、「いつの間にか金を使い果たしてしまった。困った」というように、金がなくなることが不本意な結果だという意味になる。「〜尽くす」にも同様のニュアンスがある。次の例をみてみよう。

「付近部落に住民が遺棄したとうもろこしその他雑穀もすぐ食べつくした」(大岡昇平『野火』)
「国外に持ち出した財産を売りつくし、ツメに火をともす暮らしと伝えられる」(新聞)

いずれの例も「食べ果たす」、「売り果たす」とは言い換えられるが、「食べきる」、「売りきる」とは言い換えられない。このようなことからも「〜きる」が目的達成の意味を持つことが分かる。このことは、次の外国人学習者の誤用例を見ると一層はっきりする。

*「計算によるとあと50年後に地下から石油を発掘しきれるわけである」

書き手の真意は、石油がなくなることへの不安であるから、下線の部分は、「発掘し尽くされる」としなければならない。「〜しきれる」を使うと、プラス評価に転じてしまうからである。

また、「〜部売りきる」、「〜キロ走りきる」等とは違って“完遂度”が具体的な数値で表せない語もある。その場合は、期待される程度までの達成度が百パーセントだという意味になる。次の例を見てみよう。

「ウィリアム・ワイラー演出は精密に登場人物を描き切って見事だった」(新聞)
「どんな場合でも全力を出しきるしかない。それが全てでベストであることを知った」(新聞)

この例で言えば、「描き終わった」は、単なる終了を意味し、結果は不成功だったということもあり得るが、「描ききった」は、成功を意味しているのである。

なお、ある状態を保持することが“完遂”になる語もある。「つく」や「かかる」は瞬間動詞的であるが、次の例では状態反復が継続的にとらえられている。

「準之助は早目に店から帰っておゆきのそばにつききっていた」(船山馨『蘆火野』)

「(彼は) それを口実に例の一例にかかり切っている」(松本清張『けものみち』)

このような状態性の強い語は、「つききりだ」、「かかりきりだ」と名詞の形でも表すことができる。次の例は、名詞の形で用いられているものである。

「最近では家族ともほとんど話をしなくなり、食事もひとりでとり、自室にこもりきりです。(=こもりきっています)」(新聞)

このような語は別として、ふつう「～きる」は、行為完遂の最後の時点に重点がある。話者の視点は継続の部分ではなく、最後の状態変化の一点、完全な状態に達するか否かの一点に絞られる。したがって、複合動詞「～きる」は、瞬間動詞となり、「～きっている」の形は、結果の状態を表すことになる。そして、命令や誘いの形はあまり現れない。「食べきれ」とか「食べきりましょう」とはあまり言わないのである。

【3】 極 度

このグループの前項動詞は、瞬間動詞であるが、その中でも変化の程度を持ち、結果の状態が残るもの、いわゆる結果動詞の類である。例えば、「疲れる」について見れば、「軽い疲れ」の状態から「ひどい疲れ」、「どうしようもないほどの疲れ」という状態まで段階的な変化が考えられる。「～きる」は、その変化が進み、それ以上はないというほどの究極まで達することを表す。その究極の状態は、自然現象、人の生理的現象、精神や感情の働きを表すものが多い。

- 自然現象

荒れきる、萎れきる、すがれきる、枯れきる、静まりきる、萎びきる、乾ききる、褪せきる、澱みきる、腐りきる、濁りきる、乱れきる、こじれきる、ふやけきる、沈みきる、熟しきる、うれきる、育ちきる、伸びきる、撓(たわ)みきる、歪みきる、緩みきる、煮えきる、固まりきる、衰えきる、汚れきる、明けきる、澄みきる、清まりきる、冴えきる、漬りきる、さめきる、抜けきる、落ちきる、脂がのりきる、浸りきる、暮れきる、開ききる、消えきる、寂れきる、くすみきる、すすけきる

- 生理的現象

疲れきる、くたびれきる、息せききる、むくみきる、やつれきる、しゃがれきる、飢えきる、かつえきる、腹がすききる、酔いきる、青ざめきる、かすれきる、ただれきる、凍えきる、冷えきる、ほてりきる、うだりきる、かじかみきる、弱りきる、なおりきる、しわがれきる、やせきる

- 感情や精神の働き

困りきる、苦りきる、慌てきる、憎みきる、ひがみきる、いじけきる、荒みきる、だれきる、だらけきる、溺れきる、惚れきる、憎みきる、ふざけきる、浮かれきる、狂いきる、のぼせきる、しょげきる、おびえきる、白けきる、奢りきる、甘えきる、激しきる、興じきる、慣れきる、なじみきる、恐れきる、諦めきる、ばかげきる、忘れきる、分かりきる、決まりきる、もちきる、頼りきる、張りきる、弾みきる、人をなめきる、ばかにしきる、信じきる、塞ぎきる、任せきる、心得きる、悟りきる、割りきる、侮りきる

このグループの語は、極度の状態を表すところから、言い切りの形が「〜ている」になる場合が多い。

「兵士も農民もマラリアでふるえ、弱りきっている」（新聞）
「機動隊員に背負われて出て来た女子行員はやつれ切っていた」（新聞）
「P 子先生は『校長は私に何も相談してくれない』とひがみきっている」（新聞）

これらの語は、連体法では、「～た」の形が多く使われる。このことからも状態性の強い語であることが分かる。「すさみきった社会、澄みきった空、冷えきった体、分かりきったこと」等、このグループの前項動詞は、無意志動詞が多いが、「諦める、頼る、信じる」等意志動詞も少し含まれている。しかし、「きる」がつくと、その意志性は失われてしまう。依頼形や意志形が成り立つか、見てみよう。

（依頼）　諦めてください　：　？諦めきってください
（意志）　頼ろう　：　？頼りきろう
（希望）　信じたい　：　？信じきりたい

このようなことからも「きる」の状態性がうかがえる。

また、前項動詞には「困る」とか「疲れる」のようにマイナス評価を表すものが多い。「分かる」や「決まる」のような、もとは評価を伴わない語でも、「きる」がつくと、よくないというニュアンスを帯びる。

「トーストと卵というような決まりきった朝の食事」（新聞）
「あたり前です。大野が駄目なのはわかり切っている」（大岡昇平『武蔵野夫人』）

この例では、「決まりきった、変化のないつまらぬ食事」、「説明しなく」ても明らかなほど、下らぬ分かりきったこと」という意味に転じている。

【4】「～きれない」の用法

「～きる」が完遂や極度の状態を表すとすれば、打消しの形は、行為の未遂や極度に達しない状態を表すことになる。しかし、無意志動詞の場合、打消しの形「～きらない」は、言いきりの形で用いられることは少なく、もっぱら連体修飾や従属句の形で文中に現れる。例を見てみよう。

「バスを降りた帰省客は、迎えの家族とともに、まだ明けきらない朝の街に家路を急いだ」（新聞）
「その言葉が終りきらないうちにおゆきは少年の手から書物をひったくって二人をにらんだ」（船山馨『蘆火野』）

意志動詞の場合、打消しの形は「～きれない」と可能表現になることが多い。これは、「～きれない」が行為者の遂行能力の無さを示すというよりも、事が達成不可能なほどの状態だ、能力を超えるほどだという程度の強調を表すからではないかと思われる。次の例に見られるように、状況説明の語として重宝なのである。

抱えきれない、背負いきれない、持ちきれない（ほど大きい）
耐えきれない、抗しきれない、がまんしきれない（ほどひどい）
諦めきれない、忘れきれない、押さえきれない（ほど恋しい）
つかみきれない、とらえきれない、把握しきれない（ほど複雑だ）
数えきれない、さばききれない、応じきれない（ほど多い）

このような程度の強調は、「～しても～しきれない」という言い回しにも表れる。

「どんなにおわびしてもしきれません」（新聞）
「こんどの勝利はいくらほめてもほめきれるものではない」（新聞）

前の例は、「おわびしきれないほどすまない気持ちだ」、後の例は、「ほめきれないほどすばらしい」ことを強調しているのである。

上に述べたようなことは、例えば、不可能を表す「食べられない」と「食べきれない」を比べると、一層はっきりする。二つの語の違いを、どのくらい食べられないのか、という量の面と、なぜ食べられないのかという原因の面から考えてみよう。

比較の要素／ことば	食べる量		食べられない原因（例）				
			当人側の原因		食物側の原因		外部の原因
	一口も食べない	全部は食べない	病気	貧乏	まずさ	多量	他者の禁止
食べられない	○	○	○	○	○	○	○
食べきれない	×	○	？	×	？	○	×

「食べられない」場合は、どの項目にも該当する。すなわち、一口も食べなくても、あるいは、少し残しただけの時も用いられる。原因もさまざま

考えられるが、「食べきれない」のほうは、かなり意味的に限定されていることが分かる。食べるという行為は終了したが、量が多すぎて残った、その点で未遂に終わったということを示している。当事者能力や周囲の事情よりも、むしろ量の過多を述べることに焦点があると言えよう。

最後に「売り切れる」という語について触れておきたい。これは、「売りきる」の可能形と「売る」に自動詞「きれる」のついた独立の動詞とがある。

「売りきる」の可能形：君はこれだけの品を一時間で売りきれるか。
独立の自動詞：記念切手は発売されると同時に売りきれた。

前者の可能形の意味で用いられるのはむしろまれで、後者のように自動詞として用いられるのがふつうである。この「売りきれる」が「売りきる」の可能形と区別されるのは次の 2 点による。

- 「売りきれている」の形があること（可能相動詞はふつう「ている」の形を持たない）。
- 「売りきれ」という名詞の形があること（可能相動詞はふつう転成名詞の形を持たない）。

この「売りきれる」の「きれる」は、「品物をきらす」に対する自動詞「品物がきれる」であろうと思われる。

9.3 「～ぬく」の複合動詞

「～ぬく」は、本動詞の意味で用いられる語彙的複合動詞の場合と、統語的複合動詞として“最後まで続けて”の意味を表す場合とがある。後者は、行為の貫徹を表す場合と、極度の状態を表す場合がある。次の表は、これをまとめたものである。

A　語彙的複合動詞

「～ぬく」の複合動詞	自動詞か他動詞か	意味特徴
【1】対象　[を]　～ぬく 板　を　打ちぬく 釘　を　引きぬく	他＋ぬく＝他	**貫　通** **抜　去**

B　統語的複合動詞

【2】人　が　～ぬく 若者　が　悩みぬく	自＋ぬく＝自	貫　徹
【3】人　が　対象　[を]　～ぬく 親　が　子　を　鍛えぬく 人　が　～ぬく 子供　が　走りぬく	他＋ぬく＝他 自＋ぬく＝自	極　度

次に、それぞれのグループに属する複合動詞について考える。

A　語彙的複合動詞

【1】　貫通・抜去

本動詞「抜く」の意味に応じて複合動詞も意味が分化する。次は、その意味によって大別したものである。

［貫通］：射ぬく、うがちぬく、突きぬく、踏みぬく、打ちぬく、ぶちぬく、ぶんぬく、ぶっこぬく ／ 見ぬく

［抜出］：くりぬく、抉りぬく、彫りぬく、染めぬく、引きぬく、引っこぬく、切りぬく、鋳ぬく

［選抜］：えりぬく、よりぬく、書きぬく、選びぬく

［抜駆］：追いぬく、出しぬく、駆けぬく

「私の書いた雑文の批評が載った新聞紙を、父が大事に切り抜き、持ち廻っているという話があった」(大岡昇平『父』)
「倒れたブナの木や杉を大型ブルドーザーが引抜いていく」(新聞)

前項動詞は、「ぬく」を修飾し、その手段を表している。「新聞紙を切りぬく」は、「新聞紙を切ってぬく」、「木を引きぬく」は、「木を引いてぬく」と言い換えられる。

「見ぬく」は、上の語のような具体的動作は示さず、抽象的な意味に転化している。

「私があの人を売ろうとたくらんでいた寸刻以前までの暗い気持ちを見抜いていたのだ」(太宰治『駆込み訴え』)

この例では、相手のカモフラージュにもかかわらず、観察の目は、それをつらぬいて本心に達した、核心をとらえたということを示している。対象は、抽象的な事柄ではあるが、「ぬく」の「貫通」という基本的な意味は保たれている。

このグループの「ぬく」は、サ変動詞にもつかないので、複合動詞としては上に挙げたような少数のものに限られる。

B　統語的複合動詞

このグループの語は、人の行為や精神に関する事柄に限られる。森田(1977: 372)によれば、「動作性の動詞に付いて、“その動作を最後まで完全に行う”意を添え、さらに状態性の動詞に付いて“非常に…する”強調意識へと高まる」。本稿もこの分け方にしたがい、二つに分類する。複合動詞を全部挙げることはできないが、よく用いられるような語について考えてみる。

【2】 貫　徹

愛しぬく、憧れぬく、いじめぬく、嫌いぬく、惚れぬく、憎みぬく、恨みぬく、口説きぬく、信じぬく、疑いぬく、だましぬく、誉めぬく、鍛えぬく、しごきぬく、絞りぬく、磨きぬく、もみぬく、ゆすぶりぬく、(人を)振りぬく、突っぱりぬく、戦いぬく、こらえぬく、耐えぬく、粘りぬく、支えぬく、がんばりぬく、責めぬく、攻めぬく、争いぬく、苦しめぬく、隠しぬく、かくまいぬく、捜しぬく、求めぬく、守りぬく、断りぬく、祈りぬく、訴えぬく、演じぬく、歌いぬく、踊りぬく、歩きぬく、走りぬく、泳ぎぬく、漕ぎぬく、逃げぬく、投げぬく、働きぬく、勤めぬく、通いぬく、考えぬく、覚えぬく、しぬく、やりぬく、暴れぬく、勝ちぬく、生きぬく、かばいぬく、偽りぬく、押さえぬく、掲げぬく、拒みぬく、捧げぬく、慕いぬく、尽くしぬく、売りぬく、調べぬく、読みぬく

このグループの「ぬく」には、意志を「つらぬく」という意味が含まれている。

城田(1998: 145)によれば、「~ぬく」は、「うごきが持続され最終段階

に至ることを示すが、それに対する逆流（抵抗、困難な条件）のあることがなんらかの程度に予定される」。逆流に対し、ある期間最後まで当人の強固な意志に支えられて何かが行われるということを表すのである。したがって、期間の長さを示す語を伴うことが多い。次は、新聞記事の例である。

「四年がかりで千キロを歩きぬいたサラリーマン」
「社会主義一筋に生きぬいた歳月」
「十年にわたる抗仏戦争に勝ちぬく」
「彼が生涯嫌いぬいた人物」
「特定の人々を最後までだましぬくこともできる」
「午前六時から夕方まで徹底抗戦したため拠点は守りぬいた」
「氏は投獄や亡命生活を重ねパルチザン闘争を戦いぬいた」
「彼は軍隊生活でいじめぬかれた古参兵の友人と合わせて上司への復しゅうを決意する」
「四月の開店直後は深夜まで働きぬくほどだった」
「ながの年月あこがれぬいていた絶世の美人」
「歴史の悲劇の渦中での五十年…様々な事態の中を真っすぐに純一に生き抜いてきた」

このように、行為がある期間にわたることを前提とするのは「〜ぬく」の特徴である。また、その間は徹底的に行うことを強調するため、「〜して〜して〜しぬく」という形がとられることもある。

「死にぐるいになって六十日で漢方の書籍を憶えて憶えて憶えぬいてみるか」（司馬遼太郎『胡蝶の夢』）
「ついには破れかぶれになり、男のほうから女を振る、半狂乱になって振って振って振りぬくという意味なんだね」（太宰治『人間失格』）

「ぬく」のつく前項動詞は、人の意志的行為を表すものである。単純な動作などにはつかない。ある目的をもって貫徹することに意味のあるような行為に限られる。したがって、日常茶飯事的な行為「野菜を炒める」、「ごみを捨てる」などという語にはつかないし、「笑う」とか「泣く」のような続けることに意味のない語にもつかない。行為の貫徹を強調する修飾語として「あくまで、徹底的に、一貫して、一筋に、とことん、どこまでも」のような語を伴うことが多い。

【3】 極　度

苦しみぬく、困りぬく、弱りぬく、悲しみぬく、もめぬく、知りぬく、承知しぬく、退屈しぬく、ひがみぬく

このグループは、「非常に、とことんまで」という強い程度を表す。前項動詞は、人の精神状態に関するもので、マイナス評価を表す語が多い。「〜ぬく」は、状態を表すのであるから、無意志動詞となる。例えば、「知る」と「承知する」は意志的動詞であるが、「ぬく」がつくと、「知りぬきたい」とか「承知しぬいてください」というような意志的表現はできなくなる。

このような無意志性は、【2】の「貫徹」のグループと大きく違う点であるが、その状態がある期間を経たものであるという点は、共通している。次の例を見ると、その時間の経過が背後に感じられる。

「昔のああいう女作者も皆自分の生活に退屈しぬいてじっと几帳の中にうずくまりながら…さまざまなことを考えていたのね」(円地文子『妖』)

「解放後三年半、ベトナムが悩み抜いたのは農業問題だ」(新聞)

この例では、退屈したり、悩んだりしたのは、一瞬のことではなく、相当の期間の状態だったことを示している。また、「知る」というのは瞬間動詞であるが、「ぬく」がつくと、単によく知っているというだけでなく、長い間の経験を通して知るようになったという含みが感じられる。

「昔、新劇の千田是也氏は芸能記者に『先生』と呼ばれた時「君には何も教えたことはない。先生と呼ばないでほしい」とたしなめたそうだ。『先生と呼ばれるほどの馬鹿でなし』を知りぬいていたのだろう」(新聞)

この例で、「知っていた」と言い換えると、単なる一時的な知識という感じになり、長年の経験に裏打ちされた知恵というニュアンスが消えてしま

う。また、受身の形が長期間の受難という意味で用いられることもある。「翻弄されぬく」とか「もまれぬく」というような語である。

「大国にもまれぬいた中立国オーストリア…」（新聞）

このような点からも、このグループの特徴である無意志性、長期の状態性がうかがわれるのである。

9.4 「〜とおす」の複合動詞

「〜とおす」は、本動詞「貫通」の意味に前項動詞が修飾的についた語彙的複合動詞と、前項動詞の行為を“最後まで一貫して続ける”の意を表す統語的複合動詞とがある。次は、これを表にまとめたものである。

A　語彙的複合動詞

「〜とおす」の複合動詞	自動詞か他動詞か	意味特徴
対象　[を]　〜とおす 針　を　突きとおす	他＋とおす＝他	**貫　通**

B　統語的複合動詞

子が　歩きとおす 人を　欺きとおす	自＋とおす＝自 他＋とおす＝他	**一貫継続**

次に、各項目に属する複合動詞について考えてみる。

A　語彙的複合動詞

【1】 貫　通

射とおす、刺しとおす、突きとおす、貫きとおす、吹きとおす ／ 見とおす

「小屋は一尺しか床上げがしてなく、前後は開け放されて、裏まで見通せた」（大岡昇平『野火』）

このグループの語の前項動詞は、手段を表す（例えば、「刺しとおす→刺してとおす」）。「見とおす」は、視線が遮られることなく向こう側まで見

る場合と、「心の底まで見とおす」のように抽象的に用いられる場合がある。このグループに属する語は少ない。「〜きる」や「〜ぬく」が本動詞の意味で用いられる場合も20数語と限られていたが、それに比べても少ない数である。

B　統語的複合動詞

【2】　一貫継続

本動詞「貫通」の意味が転じて、森田（1977: 372）によれば、「継続行為もしくは反復行為として最後まで…しつづけること」を表す。「〜とおす」は、多くの複合動詞を作る。よく用いられるものを次に挙げる。

- 自動詞＋「とおす」

  走りとおす、駆けとおす、歩きとおす、泳ぎとおす、通いとおす、乗りとおす、注ぎとおす、鳴きとおす、逃げとおす、寝とおす、こもりとおす、立ちとおす、がんばりとおす、粘りとおす、生きとおす、働きとおす、そむきとおす、いばりとおす、苦しみとおす、もがきとおす、泣きとおす、悩みとおす、怯えとおす、震えとおす、尽くしとおす、黙りとおす、とぼけとおす

- 他動詞＋「とおす」

  欺きとおす、騙しとおす、隠しとおす、売りとおす、かばいとおす、匿（かくま）いとおす、シラを切りとおす、押しとおす、ごねとおす、（理屈を）こねとおす、（我を）張りとおす、（己れを）貫きとおす、（自説を）立てとおす、（理想を）掲げとおす、憎みとおす、いじめとおす、恨みとおす、愛しとおす、慕いとおす、鍛えとおす、訴えとおす、語りとおす、言いとおす、歌いとおす、演じとおす、描きとおす、読みとおす、踊りとおす、考えとおす、思いとおす、拒みとおす、こらえとおす、避けとおす、耐えとおす、押さえとおす、張りつめとおす、守りとおす、投げとおす、漕ぎとおす、着とおす、はきとおす、かぶりとおす、（身に）つけとおす、しとおす、やりとおす

「一人の人間がこの世で生き通した一生が、ここにこのようにある。人間の一生とはかくの如きか」（新聞）

「(大統領は) 就任式当日、自動車から降り、夫人と手を携えて都大路を歩き通した」(新聞)
「まる二年間図書館にかよい通した」(新聞)

意志的行為を表す語に「とおす」がつくと、本人の疲労や怠け心、あるいは周囲の事情にくじけず、一貫してその行為を続けるという強い意志性を表すことになる。前の「生きとおす」や「歩きとおす」は、継続の行為であり、後の「かよい通す」は、2年間の繰り返しの行為を表している。このような行為者の強い意志を表す文脈では、「〜とおす」は、「〜ぬく」と言い換えられるが、次のような例では言い換えられない。

「そろそろブーツのシーズンが終わる。ひと冬はき通したブーツをしまう時、どんな注意が必要だろうか」(新聞)

この例では、単に最後まで続けてはいたということを表している。「はきぬく」とすると、何かに抵抗して断固はき続けたという意味になり、「ブーツをはく」というような単純な行為にそぐわないものとなる。
城田 (1998: 145) に「トオスはヌクに近いが、完成に至る過程に逆流のあることを特に表現しない」とある。
このように「〜とおす」は、「〜ぬく」に比べると、意志性が弱く、「一晩中震えとおした、おびえとおした」のような表現も可能である。

「秋の夜長を鳴きとおす、ああ、おもしろい虫の声」(童謡)

「〜とおす」の主体は主に有情物である。辞書には非情物を主体とした例がのっているが、やや不自然である。

「風が一晩じゅう吹き通した」(『学研国語大辞典』(第1版))

通常は、無意志的動作や、作用の継続を表す場合は、名詞形「〜どおし」が用いられる。次に挙げるのは、「〜とおす」とは言い換えられぬ単なる状態描写の例である。

ハラハラしどおしだ、腹が立ちどおしだ、電話が鳴りどおしだ、イライラしどおしだ、のどが乾きどおしだ、雨に降られどおしだ、あきれどお

しだ、病気になりどおしだ、悪口を言われどおしだ

例えば、上の受身の2例を「雨に降られとおした」とか「悪口を言われとおした」のようにすると、意を含んでわざとそうされたという感じを伴い、不自然になる。

受身の形をとるとすれば、自ら進んでそうされたという場合（例えば、「相手を油断させるため、黙って叩かれとおした」）に限られるであろう。

9.5　まとめ

以上、「～きる」、「～ぬく」、「～とおす」について意味・用法を見てきた。最後にこれらの語の特徴を比較してみよう。まず、各々の語の意味の対応をまとめてみる。

複合動詞の意味			「～きる」(例)	「～ぬく」(例)	「～とおす」(例)
[語彙的複合動詞]					
切断			焼ききる	――	――
終結			乗りきる	――	――
貫通			――	射ぬく	射とおす
抜去			――	引きぬく	――
[統語的複合動詞]					
完了	有情物の主体		売りきる	――	――
	非情物の主体		燃えきる	――	――
継続	有情物の主体	有意志的	――	売りぬく	売りとおす
		無意志的	――	――	おびえとおす
極度	有情物の主体		困りきる	困りぬく（時の経過を伴う）	――
	非情物の主体		乾ききる	――	――

次に、それぞれの相違点に関し、時間性と意志性という二つの面から考える。

(1) 時間性について

本動詞の基本的な意味から考えると、「切る」は、切断、「抜く」と「通す」は貫通である。すなわち、切断の重点は、最後の部分が本体から離れる瞬間、一瞬の分離変化にある。貫通の重点は、ある厚みの中を通過すること、あるプロセスを経て向こう側に達することにある。このような特徴がそのまま後項動詞の働きの中にも現れている。例えば、「品物を売りきった」という表現は、品物がなくなるまで売っていた時間のプロセスは問題にならず、最後の時点に品物が全部売れたかどうか、品物が有から無へ“分離変化”したか否かに重点が置かれる。一方、「品物を売りぬいた」や「品物を売りとおした」は、終始一貫その品物を売り続けたという意味になる。その結果、品物が全部売れたかどうかよりは、行為者が一定期間同じ態度を固持したことに重点が置かれることになる。

また、状態を表す場合も同様である。「一瞬困りきった顔をした」とは言えるが、「一瞬困りぬいた顔をした」とは言えない。同様に「一瞬おびえきった表情になった」はいいが、「一瞬おびえとおした表情になった」とは言えない。「～きる」が単に極度に達した状態を表すのに対して、「～ぬく」や「～とおす」は、ある期間、続く状態を表すからである。このように、「～きる」は、レースにたとえれば、ゴールインの瞬間に視点があり、「～ぬく」や「～とおす」は、スタートからゴールまでの全プロセスの走行に視点があると言えよう。この時間性という点に関しては「～ぬく」と「～とおす」の間に違いは見られない。

(2) 意志性について

すでに述べたように、「～ぬく」と「～とおす」が完遂の意味を持つのは、有情物の動作や行為に限られる。この二つの語を比べると、「～ぬく」のほうが意志性も目的意識も強い。「～ぬく」は、意志的動詞に接続し、強固な意志をもってその行為を貫くという意味を表す。その裏には、周囲の邪魔や抵抗を断固はねのけてという含みがある。したがって、「帽子をかぶりぬいた」とか「泣きぬいた」などという表現は不自然な感じを与える。また、「皆に助けられたり、おだてられたりしてやっとのことでやりぬいた」というような表現も不自然であろう。この文の意味するところと「～

ぬく」の持つ積極的意志性がそぐわないからである。

これに対して、「～とおす」の重点は、むしろ初めから終わりまで何かが続けて行われることにあり、それを支える意志性は二義的なものである。「暑いので、帽子をかぶりとおした」、「悲しくて一晩中泣きとおした」「皆に助けられたり、おだてられたりしてやっとのことでやりとおした」など、「～ぬく」を使うと不自然な文でも、「～とおす」なら表現が可能になる。

「～きる」は、この二つの語に比べると、意志性は弱い。すでに述べたように、「～きる」の重点は、最後の状態変化にある。二つの語は、「～しぬこう、～しとおそう」、「～しぬけ、～しとおせ」等、意志的表現が可能なのに対し、「～きる」にはそのような形が使われにくい。また、受身の形に続くか否かもこの意志性ということに関係がある。

	～きる（例）	**～ぬく**	**～とおす（例）**
受身形	毒されきる	×	？叩かれとおす

意志性の強い「～ぬく」は、受身形につかず、弱い「～きる」のほうがつくということになる。

第10章

「〜なおる」と「〜なおす」

10.1 「〜なおる」の複合動詞

「なおる」の本義は、「修正、復帰」のほかに古めかしい用法で「正しい形での着座」の意味もある。時代劇などで時折耳にする「そこになおれ(＝座れ)」の用法である。語彙的複合動詞として僅かの数しかなく、全てこの本義が残っている。

【1】 修正・復帰

向きなおる、立ちなおる

「未知代は舷からのり出していた体をひき、良昌の方に向き直って座った」(高橋治『漁火』)

「これからは、また心新たに仕事に向き直ってみようという意欲がわいてきました」(新聞)

体の向きを変えるという具体的な動きから、仕事や人生への取り組み方まで広い範囲での修正が含まれる。

「家族は…子供を失った深い悲しみからはいまだに立ち直ることができない」(新聞)

「立ちなおる」は、困難な状況から抜け出し、しっかり立って、望ましい状態までなおることを意味する。その抜け出すべき状況は「ショック、愛する者の死や災難、震災、事故、事件、不況、廃墟、荒廃、戦乱」等である。

【2】 姿勢是正

起きなおる ／ 居なおる、開きなおる

「私は…（捕物帳の）死体が蛇に巻かれているシーンで、ガバと起き直るだろう」（新聞）

「なにが悪いと猿飛は居直るつもりだろう。理屈にもならない理屈だが…」（高橋治『漁火』）

「（女子高生は援助交際について）『だれにも迷惑をかけていない。なぜ悪いのか』と開き直る」（新聞）

この「～なおる」は「きちんと座る」という意味から、意志を通すため、その場（立場）から動かず、構えてがんばるという意味に転じている。ある種の気概を示すというプラス評価から態度の固執、ふてくされというマイナス評価まで含まれる。

10.2 「～なおす」の複合動詞

【1】 「～なおす」の意味

「～なおす」は、統語的複合動詞としてサ変動詞とも結合し、造語力が強い。その意味機能は、先行研究で「再行・修正」等と命名されている。

森田（1977: 344）では、「その行為の対象をより好ましい状態に変えるため、もう一度おこなう…。行為の繰り返し意識よりは結果の修正意識が強い」とある。すなわち、本動詞「直す、治す」の意味がそのまま残っていると見てよいであろう。

修飾句としては「改めて、一から、最初から、土台から、全てをゼロに戻して、新たな視点から、全面的に」のような表現を伴うことが多い。

「～なおす」は、原則として意志的行為を表し、同様の行為がすでに行われていることが前提となるが、反復後の状態が前とどの程度一致しているのかは、事象によって異なる。この点に関し、由本（1997: 179–180）では、英語の接頭辞 “re-” と対照し、次の 3 点を中心に興味深い考察が行われている。

（1） 動作主の異なり：可

「太郎が書いた手紙を次郎が書きなおした」

(2) 対象の異なり：不可

＊「温めていたスープが冷めたので、味噌汁を温めなおした」

(3) 副詞的修飾部の異なり：可

「万年筆で書いた手紙を毛筆で書きなおした」

筆者は、由本の言う副詞的修飾部については、同一時刻の場合は成立しないという条件をつけたいと考える。

＊「今朝 9 時に書いた手紙を今朝 9 時に書きなおした」

繰り返しには必ず時間の経過が伴うので、当然のことながら、「同時性」は排除されるが、そのほかは、異なり可である。しかし、(1) と (2) については、動詞の種類によって、必ずしも一様ではないので、さらに考察する必要がある。次の節で (1) 動作性と (2) 対象の異なりという点から考えてみる。

【2】 動作主と対象の異なりによる分類

(2–1) 動作主の異なり: 不可

通常は動作主が異なってもよいが、次のような四つの場合は、同一であることが条件となる。

(a) 移動等、身体全体の動きに関する語

歩きなおす、辿りなおす、くぐりなおす、入りなおす、出なおす、(人生を) やりなおす、(歴史を) 生きなおす、座りなおす、(体勢を) 立てなおす、(スタートを) 切りなおす

「体力あらば私も徒歩で (シルクロードを) 歩きなおしたいものだ」(新聞)

「別の人生を生き直したいと念じた老人…」(新聞)

「忙しそうだから出直します (＝また来ます)」(瀬戸内寂聴『いよよ華やぐ』)

「出なおす」には、単なる「再来」の意味と、下のような人生の再出発と

いう意味がある。

「まだやり直しができる…一から出直せばいいのだ」（新聞）

この類の特徴は、対象を持たぬ単なる動作であり、同一の人物が行為を繰り返すことに意味がある。

(b) 着脱等、身体の部分の動きに関する語

（視線を）向けなおす、（顔を）洗いなおす、（歯を）磨きなおす、（手を）振りなおす、（杖を）持ちなおす、握りなおす、抱きなおす、抱きしめなおす、くわえなおす、噛みなおす、食べなおす、飲みなおす、かぶりなおす、着なおす、履きなおす

「私たちは都会に向けていた熱い視線を足元に向け直したい」（新聞）

「一度は耳から離した受話機を持ち直すようにして、声を明るく作った」（高橋治『漁火』）

「長い髪をたくし上げてゴーグルをかぶり直している…」（堺屋太一『平成三十年』）

この類の特徴は、対象があっても、変化を及ぼさぬ再帰的動作であることである。

(c) 対等な対人行為に関する語

出会いなおす、（相撲を）とりなおす、（試合を）やりなおす、戦いなおす

「わたしはムイシュキン公爵の次のような言葉に出会い直したのである」（新聞）

「試合後、選手には、あと2試合、もう一度、戦い直そうといった」（新聞）

この類は、動作主と対象者の組み合わせによって成立する行為であるから、一方が異なれば、同じことの繰り返しとは言えなくなる。

(d) 感情・思考・知識獲得に関する語

（気を）とりなおす、（自信）を持ちなおす、（気を）引き締めなおす、（気を）入れなおす、（意味を）噛みしめなおす、（リズムを）つかみなおす、

(記憶を) 辿りなおす、思いなおす、学びなおす

「彼は三十年余りも昔の一日をたどり直してみる」(高樹のぶ子『百年の預言』)

「大学と大学院で学びなおし、専門職についた」(新聞)

「今回の入院は…神様が与えてくださった休暇なのかもしれないと思い直したのです」(新聞)

「思いなおす」は、単に繰り返し「思う」のではなく、修正した良い思いを持つことである。

この類の語は、(a), (b) と同様に同一人物が感じたり、思ったり、学んだりしなければ、繰り返しの意味が成立しないものである。

(2–2) 対象の異なり：可と不可

反復行為を行う際、対象が異なると成立しないが、行為の前と後で続けて同じものを対象にしなければならない場合 (a) と、カテゴリーは同一でも対象そのものは別のものでなければならない場合 (b) とがある。ほとんどの反復行為は、(a), (b) どちらでもよいが、どちらか一方のみという場合も、数は限られているが、存在する。次にそれぞれの場合について考えてみよう。

(a) 対象が全く同一でなければならない場合

この類は、二つに分けられる。

① 単なる処置・加工作業に関する語

削りなおす、剃りなおす、塗りなおす、染めなおす、温めなおす、冷やしなおす、沸かしなおす、(栓を) 締めなおす、縛りなおす、結いなおす、結わえなおす、拭きなおす、磨きなおす、洗いなおす、抱えなおす、持ちなおす

「桐タンス、削りなおして金具も新しく替えて」(新聞)

「(テーブルを) きれいにぬり直したら新しいのと同じになるよ」(新聞)

「こちらに背を向けて、良昌が船と板をつなぐ糸を縛り直している」(高橋治『漁火』)

例えば、桐のタンスを削りなおす場合、別のタンスを対象にはできない。

?「A 氏のタンスを削っていたが、やめて別の人のタンスを削りなおした」

「削る」という処置をすることによって修正し、価値が生じるのだから、対象を変えると、意味をなさないことになる。これらの類は、量、温度、強度など程度に関し何らかの変化を与えはするが、新しいものの「創出」までは含まない。

② 情報収集に関する語

計りなおす、数えなおす、読みなおす、見なおす、見つめなおす、(資料を) 洗いなおす

「ノートのメモを読み直し…ひらめいたことを書きとめる」(新聞)

「淀川さんは『もののけ姫』を試写で見て、さらに満員の映画館でも見直した」(新聞)

「昨今のグルメ料理の行き過ぎ、この辺で味覚も目も洗い直し、素朴な日本の食卓を見直したい」(新聞)

「見なおす」には「再見」と「再認識・再発見」の意味がある。後者は受身の形も使われる。

「若い人たちに俳句が見直されています」(新聞)

対象から情報を収集する場合、同一のものでなければ、修正の価値がなくなる。

(b) カテゴリーが同一であっても、対象そのものは行為の前後で異なっていなければならない場合

この類は、二つに分けられる。

① 選択に関する語

選びなおす、よりなおす、買いなおす、取りなおす

「腐敗や同族優先のない、内閣を選び直すべきだ」(新聞)

「マンションを二年前に購入した住民は『買い直したい気分だ…』と憤る」(新聞)

例えば、贈り物を選びなおす場合、再び同じものを選択の対象にすることはできない。

「Aランクの贈り物を選んでいたが、やめてBランクの贈り物を選びなおした」
?「Aランクの贈り物を選んでいたが、またAランクの贈り物を選びなおした」

対象を取り換えることによって修正が成立するわけだから、同一のものであれば、意味がなくなることになる。

② 対象の消滅・吸収に関する語

飲みなおす、食べなおす、吸いなおす、(実を)取りなおす、燃やしなおす

「元日は…疲れて横になる者、仕事に出ていって、戻って飲み直す者と、これが延々続きます」(新聞)

例えば、飲みなおす場合、一度飲んだ酒を再び飲むことはできない。また、枝から取った実をもう一度取りなおすことも不可能である。液体、気体、粒状の集合体は、動作主の意識では同一のものと扱われているにせよ、厳密に個として見れば別のものである。その意味で上に挙げた語は不可逆的行為を表すものである。

「燃やす」と「焼く」も、「なおす」がつくことによって相違が明らかになる。「焼く」には加工の意があるから、「(同一の)魚を焼きなおす」ことはできる。「燃やす」は、加工の意はなく、消滅を目的とするから、「(同一の)ごみを燃やしなおす」ことはできない。しかし、集合体としてのごみのうち、別のものを対象とするなら、「燃やしなおす」ことは可能である。

10.3 まとめ

「なおす」は、意志動詞であるが、例外がある。森田(1977: 344)にあるように「相場が見なおす」、「景気が持ちなおす」の2語は、自動詞として働き、「自然現象としての修正作用」を示している。自動詞の「見なおす」は、用法が限られているが、「持ちなおす」は、広く用いられる。

「オートバイで車と衝突して、危篤になってから持ち直した。生命力が強かったんでしょう」(新聞)

病状、競技、政治、経済等の状況好転の表現にも用いられる。

この2語に顕著に見られるように「〜なおす」は、修正、好転等プラス評価を伴う。特に「思いなおす、見なおす、考えなおす」等、思考に関する語の場合は、必ず良い結果を生みだす意味で使われる。しかし、「わざと下手に書きなおす」のように作為的に以前より劣る状況を作り出す場合も、多くはないが、あり得る。

「焼きなおす」は、「焼きなおし」と名詞形になると、古くさい「二番煎じ」という意味になり、マイナス評価を伴う。「〜なおし」の中の特殊な例であろう。

最後に類似表現と比較し、「〜なおす」の意味を確認しておく。森田(1977)に「関連語」として扱われている「〜かえす、〜かえる、〜あらためる」とは、意味用法が似ている。

「〜かえす」については、斎藤(1985)に詳しい分析がある。提示されている意味「反転(掘り返す)、逆方向への移動(問い返す)、来た方向への後もどり(引き返す)」のうち、2番目の「逆方向の移動」を時間軸で見るならば、繰り返しの行為となり、「〜なおす」と近くなる。例を見てみよう。

「インタビューの十日ぐらい前にね、先生方がしゃべらせたい項目を選んでくる。必要な資料を読み返して、頭の整理をする」(新聞)
「プログラムの束や古い手紙…。一つひとつ眺め、読み返していると時間だけが過ぎていく」(新聞)
「(監督は)見たい映画を作るだけで、完成した作品を見返すことはほとんどない」(新聞)

上の例は、「読みなおす」、「見なおす」と言い換えられるが、修正のため、あるいは新発見のため、という目的意識が濃厚になる。前掲の森田(1977: 344)に「〜かえす」は、「"同じ行為を再度おこなう"ことに重点がおかれる」とあるとおり、上の三つの例は、単なる反復行為を表すにすぎない。

「思いかえす／思いなおす」では、違いがさらに明確になる。

「あくる朝になって昨夜考えたことを思いかえしてみると、実につまらないことである」(新聞)
「(巫女) の口寄せは、死者の霊を呼ぶことで彼らを思い返し、同時に生者の心の痛みをいやす…」(新聞)
「思い返せば、パートを続けたこの十年は、わが家の最も活気ある時期だった」(新聞)

この「思いかえす」は、「思い (＝記憶) を昔に返す」つまり思い出すだけで、「思いなおす」のような修正意識は含まれない。

反復行為の意味の「〜かえす」は、「〜なおす」に言い換えられるが、逆は必ずしも成立しない。「作る、こしらえる、仕立てる、書く、組み立てる／学ぶ、(意味を) とらえる」等、作成、情報獲得に関する事柄は、単純な反復は不可能であるから、「かえす」はつかない。また、「入れる、置く、掛ける、出る」等、方向性のある語は、「かえす」の本義である物理的な「逆方向への移動」とまぎらわしくなるからだろうか、反復の意味では用いられない。

「〜かえる」は、必ず別の状態を作り出さなければならない。

受話器を持ちなおす：同じ手に持つ
受話器を持ちかえる：別の手に持つ

乗りなおす：同じ乗り物に乗る
乗りかえる：別の乗り物に乗る

生きなおす：同じ人生を再び生きる
生きかえる：死から生へよみがえる

？住みなおす：
住みかえる：古い家から新しい家へかわる

「〜なおす」が結果に変化を及ぼさない動詞についた場合は、「再行」を表し、「〜かえる」とは異なる意味になる。定着を前提とする「住む」には、単なる「再行」を表す「なおす」はつきにくい。

「〜あらためる」は、文章語であり、数語の動詞にしかつかない。本義

「改める」の「新しく良くする」の意味がそのまま残っている。

書き改める：もう一度書いてよくする
悔い改める：もう一度悔いてよくする

接頭辞「再～、改～」のつく漢字語彙も、「～なおす」と共通点がある。

再考：考えなおす
再建：建てなおす
改造：造りなおす
改選：選びなおす

ただし、次のような場合は言い換えられない。

再発、再燃：無意志的なもの
再婚、再嫁：通常は繰り返しを前提としないもの
改悪、改竄：マイナスの評価を持つもの
再犯：マイナスの評価を持つもの

第11章

「〜たつ」、「〜たてる」と「〜まくる」

11.1 「〜たつ」と「〜たてる」の複合語

「〜たつ」と「〜たてる」の二つの後項動詞は、造語力が強く、多くの複合語を形成する。構成要素から見ると、次のように分けられる。

(1) 名詞＋	たつ	(例) 泡だつ　役だつ
	たてる	泡だてる　役だてる
(2) 動詞＋	たつ	浮きたつ　沸きたつ
	たてる	追いたてる　書きたてる
(3) 形容詞＋	たつ	荒だつ　逆だつ
	たてる	荒だてる　逆だてる
(4) 古語接頭語＋	たつ	いらだつ
	たてる	いらだてる

形容詞や古語接頭語と結合するのは、僅かなので、略すことにして、名詞と結合する場合について簡単に見ておきたい。意味構成としては次のようなものがある。

波だつ → 波がたつ　(ほかに) 角だつ　寒気だつ等
役だつ → 役にたつ　(ほかに) 用だつ　先だつ等
巣だつ → 巣をたつ
波だてる → 波をたてる　(ほかに) 角だてる　泡だてる等
役だてる → 役にたてる　用だてる等

『日本語逆引き辞典』(1990) によると、動詞以外のものに結合する「〜たつ」は、36 語である。そのほか、辞典にない「勢いだつ、そばだつ、腹だつ」を加えると、39 語となる。「〜たてる」は、13 語で、そのほか、辞典にない「先だてる、そばだてる」を加えると、15 語である。

11.2 「〜たつ」の複合動詞

「〜たつ」は、全て語彙的複合動詞であり、後項動詞として働く場合も本動詞の意味が残っている。森田 (1977: 276–278) によると、「たつ (立つ、建つ、起つ、発つ)」の本義は、「垂直の状態をとること…立ち上がる動作、さらに出立に発展」、「上部・先端に位置すること、人目につく状態の意味が生まれ、物事のはっきり現れる意味へと発展する」。後項動詞の場合は、「"出発／確立／完全に／ひどく" の強調意識に至るまで本動詞と同じく意味の幅は広い」とある。

次頁の表で、「たつ」が後項動詞として持っている役割を考え、分類してみる。

次に、表の各項目に属する動詞について考える。

【1】 直立 (出現)

突きたつ、突ったつ、おったつ、切りたつ、切ったつ、そびえたつ、そそりたつ、そそけたつ、並びたつ ／ 降りたつ、生いたつ

これらの語は、本動詞「立つ」の本義が生きており、前項動詞は、その様相を示している。

「デカン高原の北方に壁のように切り立った山々」(新聞)
「目は三角にくぼんで、耳は三角におっ立っている」(幸田文『あか』)

直立の状態を表すこれらの語は、述部に立つ時は、「〜ている」の形で用いられる。

「降りたつ」は、状態性ではなく、人が別の場所からやって来て、その場に姿を現すことを示す。「直立」を表す語と違って、述部に立つ時は、終止

「〜たつ」の複合動詞			自動詞か他動詞か	意味特徴
【1】	**[が]**	**〜たつ**		
山	が	そびえたつ	自＋たつ＝自	**直 立**
壁	が	そそりたつ	他＋たつ＝自	**(出 現)**
【2】				
場所	[へ／に／に／へ向けて／に／へ向かって／をめざして]	〜たつ	自＋たつ＝自	**出 発**
場所	**[を／から]**	〜たつ		
目的地	へ向けて	飛びたつ		
巣	を	飛びたつ		
【3】 感情	**[が]**	**〜たつ**	自＋たつ＝自	**発 露**
心	が	勇みたつ		**高 揚**
【4】	**[が]**	**〜たつ**		
湯	が	煮え立つ	自＋たつ＝自	**生 起**
湯	が	煮立つ	他＋たつ＝自	**昂 進**
【5】 その他				
	〜を	思いたつ	他＋たつ＝自	
	〜が	引きたつ	他＋たつ＝自	
	〜が	成りたつ	自＋たつ＝自	

形の形が多い。起点の格助詞「から」をとることもある。

「わたしたちの前にかの女のほうは天上から地上におりたってきたのであった」（井上靖『晩夏』）

人物の登場にある種の感慨が込められるので、報道記事等でよく見受けられる表現である。

「自家用ジェット機で成田空港に降り立ったプレーヤー」
「黒塗りの車／高級車から降り立った政治家」
「宇宙船から降り立った宇宙飛行士」
「遠い星から地球の砂漠に降り立った星の王子様」

「生いたつ」は、「生いたち」の名詞の形で用いられることが多い。「生いたつ」の「たつ」は、「そだつ」の意であろう。

【2】 出 発

いでたつ、飛びたつ、舞いたつ、鳴きたつ、群がりたつ、群れたつ、連れだつ

これらの語は、本動詞「出発」の本義が生きており、前項動詞は、その様相を示している。

「音に驚いたか、谷の向こうの林の村から一羽の白鷺が飛び立った」(大岡昇平『野火』)

「航空機が飛びたつ」等の例を除いては、鳥が地上を離れるさまを表す語が多く、古めかしい。

【3】 感情の発露・高揚

焦りたつ、いきりたつ、勇みたつ、色めきたつ、浮きたつ、うずきたつ、怒りたつ、気負いたつ、狂いたつ、騒ぎたつ、ざわめきたつ、たけりたつ、たぎりたつ、はやりたつ、奮いたつ

「『言ふな』とメロスはいきり立って反駁した」(太宰治『走れメロス』)

「桜が満開になったある日…うららかな気持ちの浮き立つ日だった」(新聞)

「努力して自分を奮い立たせ、人の中に出ていくようにしている」(新聞)

「たつ」は、感情や気分が高まることを強調している。前項動詞は、「焦る、勇む、怒る」等、感情の激しい動きを表す語が多い。「奮いたつ」の採取例が最も多かったが、「奮いたたせる」という他動詞形が目立った。

【4】 生起・昂進

かおりたつ、煮えたつ、煮たつ、においたつ、濁りたつ、燃えたつ、沸きたつ、うねりたつ、みなぎりたつ

「七輪の上で雑炊なべがにたっていた」(佐多稲子『キャラメル工場から』)

「アルマは喪服に身を包み、憂いに沈んでいた…その立ち居に薫り立つ美しさがあった」（新聞）

前項動詞は、自然現象を表す語であり、「たつ」は、その現象が発生し、強度に達していることを示す。「たつ」がなくとも、文意は通じる。次のように他動詞形で使われることも多い。

「たき火を燃え立たせるには風の通り道が大切だ」（新聞）

また、比喩的に感情表現に用いられることも多い。採取例から挙げてみる。

「はらわたが煮えたつような思い」（新聞）
「心が燃えたつオリンピック」（新聞）
「（気持ち／世論／血）が沸きたつ」（新聞）

【5】 その他

思いたつ、引きたつ、成りたつ

これらの語は、一語化していて、分析しにくいが、よく使われるので、ここで少々触れておきたい。

「思いたつ」は、何かしようという「思い」が「たつ＝生起する」と解せられる。この「思い」が生起するのは、偶然性が強く、複合動詞全体は、無意志性を帯びる。「思いたったが吉日」という言葉にあるように計画性のなさが特徴である。「ふと思いたって／思いたつと／思いたったら」のような表現が多く用いられる。

「出勤時刻は割合に自由にできる仕事なので、思い立つと、電車を降りて歩きだす」（新聞）
「勉強とはあんなに楽しいものか、よし、私も大学に入って勉強しようと思い立った」（新聞）
「仕事に疲れ、突然思い立って行ったサイパン…」（新聞）

「思いたつ」内容は、散歩、旅行、受験、発明、制作、支援活動等、軽い事柄から一念発起的な決心を要する大きな事柄まで含まれる。

類似表現に「思いつく」がある。「やっと思いついた」とは言えるが、「やっと思いたった」とは言いにくい。解決策を求めるプロセスを経て、良いアイデアに「つく」場合の「思いつく」と異なり、「思いたつ」は事前のプロセスを前提とはしていない。「考えつく」があるのに、「考えたつ」という言葉がないのは、「たつ」の無計画性、論理性の薄さによるのであろう。

「引きたつ」は、「目立つ」と意味が近いが、そのための条件が加わること、必ずプラス評価を伴うこと等が違う点である。

「(俳句は) 上の句と下の句を入れ替えるだけで実に見事に作品が引き立ちます」(新聞)

他動詞化の形で用いられることも多い。

「(子供たちは) 段ボールを切り抜いたドレスを作った。一見よろいのような固いラインがかえってあどけなさを引き立たせている」(新聞)

「成りたつ」は、「たつ」に「確立」の意味が含まれる。

「舞台はみんなの力で成り立っています」(新聞)
「粒子は、さらに小さい基本粒子から成り立っている」(新聞)

成立の条件や要素は、格助詞「で」や「から」によって示されるが、「[～抜きでは／なくしては／～しないと／～しなければ] …成り立たない」のような表現が多い。

「改革は…国民の意識の改革を抜きにしては成り立たない」(新聞)

11.3 「～たてる」の複合動詞

「～たてる」は、全て語彙的複合動詞であり、後項動詞として働く場合も本動詞の意味が残っている。森田 (1977: 278) によると、「～たてる」は、「～たつ」と同様に後項動詞の場合は、「"垂直状態をとる"の原義を示す例から、"出発／確立／完全に／ひどく"の強調意識に至るまで」意味の幅がある。

次に、「たてる」が後項動詞として持っている役割を考え、分類してみる。

「〜たてる」の複合動詞	自動詞か他動詞か	意味特徴
【1】 場所 [に] 対象 [を] 〜たてる 地面 に 棒 を 突きたてる	他＋たてる＝他	直 立 (確 立)
【2】 対象 [を] 〜たてる 味 を 引きたてる	他＋たてる＝他	顕 彰 抜 擢
【3】 対象 [を] 〜たてる 自動車 を 組みたてる	他＋たてる＝他	構 築 達 成
【4】 物 [を] 人 [を] 人 [が] 〜たてる ガラス を 磨きたてる 部下 を 呼びたてる 人々 が 騒ぎたてる	他＋たてる＝他 自＋たてる＝自	強 調 旺 盛

次に、各項目について属する動詞の類と用法の特徴を考える。

【1】 直立(確立)

押したてる、おったてる、突きたてる、突ったてる、打ちたてる、巻きたてる、振りたてる、蹴たてる、並べたてる

これらの語は、本動詞「立てる」の本義が生きており、前項動詞は、その様相を示している。

「まくら元にドスを突き立てられたこともある」(新聞)
「彼は巻き立ててゆく砂塵に追われるようにしてひっそりとした部落の寺を探しあてることができた」(今東光『役僧』)
「波を蹴立てて進む船…」(新聞)

抽象的に用いられる場合は、次の例のように「しっかり立てる → 確立する」の意に転じる。

「自分なりの教育理念を打ち立てそれを目ざして努力する…」(新聞)

ほとんどの場合、前項動詞をとっても、意味が通じる。

【2】 顕彰・抜擢

引きたてる、盛りたてる、とりたてる、守りたてる

「しょうゆが青じその味を引き立てて、びっくりするほどおいしかった」(新聞)

「四方に陣取る観客は歓声と拍手で土俵をもりたてる」(新聞)

「若い家臣を側近にとりたてる」(新聞)

「引きたてる」と「とりたてる」は、登用の意味で使われる場合は、そのポストが「に」で表されることが多い。これらの語では、「たてる」は、本動詞の「相手をたてる」に近い。

【3】 構築・達成

組みたてる、積みたてる、埋めたてる ／ 仕たてる

「毎月五千円ずつ積み立てて株式や投資信託を購入する」(新聞)

「父親が布を裁ち、兄がミシンでかっぽう着や体操着を仕立てていた」(新聞)

ある期間をかけ、部分を組み合わせる、金を貯める、水面を埋める等、繰り返しを通して目的にあった状態を「たてる＝確立する、達成する」ことを表している。

対象としては「素材」と「達成の状態／物」の両方をとる。

{部品を　組みたてる
自動車を組みたてる　　{金を　積みたてる
旅費を積みたてる

{土を　埋めたてる
海岸を埋めたてる　　{布を　仕たてる
洋服を仕たてる

「仕たてる」は、特に素材に手を加え、別の趣を持ったものに作りあげることを強調する場合もある。

「サンマ、パスタなど庶民的料理をフルコースに仕立てる」(新聞)

【4】 強調・旺盛

扇ぎたてる、あぶりたてる、いぶしたてる、焼きたてる、煮たてる、塗りたてる、磨きたてる、飾りたてる、煽りたてる、そそりたてる、掻きたてる、咎めだてる、責めたてる、攻めたてる、急きたてる、追いたてる、駆りたてる、呼びたてる、ほめたてる、はやしたてる、言いたてる、しゃべりたてる、書きたてる、叫びたてる、どなりたてる、わめきたてる、まくしたてる、弁じたてる、述べたてる、論じたてる、申したてる、ほえたてる、泣きたてる、鳴きたてる、騒ぎたてる、はしゃぎたてる、調べたてる、暴きたてる、並べたてる、数えたてる、売りたてる、取りたてる

「(週刊誌の) プライバシーを暴きたてるような報道は許されない」(新聞)
「ほかのつるたちは前よりもっとものぐるおしくなきたてました」
(江口渙『鶴』)

城田 (1998: 146) に「〜たてる」は、「うごきが盛んに行われることを示す」とある。その「旺盛さ」は、適度な状況を越える場合が多い。特に対人行為は、相手を圧迫する類が大部分である。「ほめたてる」にしても必要以上にという作為があり、好意が感じられない。

{ ほめてもらって、うれしい。
{ ？ほめたててもらって、うれしい。

物に対して処理や作業を行う場合は、次のように「完璧に」あるいは「過剰に」という意味を持つ。

「くもり一つなく磨きたてたガラス窓」(新聞)
「ブランド物で身を飾りたてる女性たち」(新聞)
「白壁さながら塗り立てた女官連中の顔」(杉本苑子『月宮の人』)

ほとんどの語は、強調の意を添える「たてる」をとっても、前項動詞のままで文意が通じる。修飾句としては、程度を強調する「強く、激しく、一気に、一方的に、盛んに、のべつまくなしに」などの表現がよく用いられる。

この類の中では、「申したてる」が公的機関に訴えるという特別な意味を帯びている。

「[裁判所／家裁／委員会] に　[異義／処分／審査／調停／差し止め／離婚] を申したてる」

11.4 「まくる」の意味

強調を表す後項動詞のうち、特に人の行動について勢い、強意を示す類がある。城田 (1998: 146) では、これを「～たてる、～ちらす」等と共に「旺盛・強化相」と名づけ、「マクルはうごきが休みなく、回数を重ね、激しく行われることを示す」と説明している。宮島 (1972: 236, 1305) でも「いきおい」のよさを表す接尾的要素のひとつとして「～まくる」を挙げ、その「いきおい」とは、「速度」と「程度」に関係があると述べている。また、「鳴きしきる」等と同様に「回数の面におけるニュアンスを持っている」とも指摘されている。

詳しくその用法を見ていくと、場合によっては量の多さが強調されることもある。人の行動に関しては無統制、思うがままに、むやみにというマイナスの評価を伴うことが多い。「～しきる」や「～つのる」と比べると、俗語的な感じも与える。しかし、統語的複合動詞として造語力も強く、マスコミ関係でよく使われる表現でもある。

本動詞の「まくる」は、現代語では「袖をまくる (＝折り返す)」のような意味しかなく、後項動詞として用いられる場合と関連性がないように見える。しかし、『岩波古語辞典』(第１版) によると、古語には「追いたてる」の意がある。また、

「捲(まく)り落とし」：激しく追い落とす
「捲切り」　　：激しく切り付ける
「捲飲み」　　：盛んに飲む

等の用法ものっている。近世の「口論をして云ひまくり」の表現例もあるところを見ると、このような意味が現代語の後項動詞に残っているものと思われる。

「まくる」が結合する動詞は、人の行動に関する語がほとんどであり、特に多いのは、対人行動と自己発散的行動に関する語である。そのほか、精神状態を表す語、運・不運を表す語、社会的現象を表す語というように大別できる。次に各項目についてよく使われる語を挙げ、用法を見てみよう。

11.5 「〜まくる」の分類

【1】 対人行動

攻めまくる、責めまくる、しごきまくる、いびりまくる、おどしまくる、ののしりまくる、どなりまくる、いばりまくる、押しまくる、追いまくる、あおりまくる、アジりまくる、やじりまくる、言いまくる、しゃべりまくる、(論を) ぶちまくる、電話をかけまくる、電話を入れまくる、声をかけまくる、頼みまくる、おだてまくる、ほめまくる

「どうです？ 口説いてみては。押して押して押しまくるのがこつです」(宮本輝『ドナウの旅人』)

「一方的に攻めまくった村上勢には、ほとんど犠牲はなかった」(城山三郎『秀吉と武吉』)

「俳優たちは、常に全身を緊張させ、セリフを速射砲のようにしゃべりまくり、しばしば舞台をはいずり回る」(新聞)

対人行動に関しては相手の思惑など考えず一方的に自己中心的にことを進めるという感じがある。攻撃的な行動の場合は、激しさや相手への圧力感を伴うことになる。

「追いまくる」は、よく使われる語であるが、受身の形が多い。

「[議論や会議／仕事／工事／テストや勉強／借金／支払い] に追いまくられる」のような形で圧迫感が表される。

【2】 自己発散的行動

遊びまくる、はしゃぎまくる、騒ぎまくる、はりきりまくる、暴れまくる、歌いまくる、踊りまくる、弾きまくる、走りまくる、すべりまくる、逃げまくる、打ちまくる、たたきまくる、突きまくる、投げまくる、(写

真を）とりまくる、書きまくる、買いまくる、売りまくる、稼ぎまくる

「ぼくの『がんばる宣言』は走って走って走りまくる!!! です―岡野雅行選手―」（新聞）

「あたしだったら逃げて逃げて逃げまくってとっつかまってから先のことを考えるよ」（宮本輝『ドナウの旅人』）

「（犯人は）オフィスに侵入、ロッカーなどの錠を開けては盗みまくっていた」（新聞）

「エイスケは詩のほかに小説、戯曲、評論などを旺盛に書きまくる」（平村政彦『吉行エイスケ』）

人が熱中して盛んに何かを行う類の行動には、ほとんど「まくる」がつく。「～して～して～しまくる」の重複構文や「～しては～しまくる」の繰り返し構文等がよく用いられる。修飾句としては「次々と、休みなく、終始、のべつまくなしに」のような間断性の無さ、「見境なく、手当たり次第、むやみに、やたらに、むちゃくちゃに、片っ端から、無我夢中で、したい放題、好き勝手に」のような無統制さ、「一気に、必死に、ひたすら、精力的に」のような熱中ぶり、「豪快に、派手に、旺盛に、とことん、ガンガン」のような程度の激しさや量の多さを表す語が多いのが特徴である。

このような強調表現がマスコミ関係者に好まれるのであろうか。名詞の形で見出し等に用いられるようになった。

「これが噂のブランド品買いまくり」

「瀬戸内めんロード激走 200 キロ！ 決死の食べまくり旅」

「連ドラ、見まくり　しゃべりまくり」

いずれもテレビ番組のタイトルや週刊誌の見出しである。あまり品のいい表現とは言えないが、若者には受けるのであろう。

【3】 精神状態

焦りまくる、あがりまくる、あわてまくる、浮かれまくる、（W 杯に）かぶれまくる、はまりまくる、のりまくる、照れまくる、怒りまくる

「娘が級友とスーパーで万引きをした時、母親たちは娘をひっぱたき、

怒りまくった」（新聞）

「有名な曲が軽快に演奏されると、児童ばかりか、九十人の父母も一体となって、のりまくった」（新聞）

「W杯にかぶれまくってます」（1998年6月 テレビ朝日の番組）

「（ある歌手は）プリクラにはまりまくっているそうです」（1997年12月 FM東京ディスクジョッキー）

この類は、【1】や【2】と比べ新しい用法であろう。若者やマスコミ関係者の間で流行語的に使われている。強調したい時、意に任せて使う傾向があるので、今後とも軽いのりで、俗語的に「まくる」のつく語が広がるかもしれない。

【4】 運・不運の状態

（運が）つきまくる、（商品が）当たりまくる、（キャグが）受けまくる、（球を）外しまくる、ずれまくる、勝ちまくる、負けまくる

「脚本賞独占・つきまくる倉本聰の魅力」（新聞広告）

「バカ受けしたキャグでも、ウケまくっている最中にやめてしまう。そうすることによってまた新しいものを考え出さざるをえなくなる…」（新聞）

「最初の時は岡野は（ゴールを）外しまくりました」（1998年5月 TBSの番組）

何かの首尾について、強調したい時、「まくる」が使われることがあるが、まだ数は少ない。特に刺激の強い表現を求めるスポーツや芸能関係の記事、番組で特に好まれるようである。

【5】 社会的現象

（魚が）とれまくる、売れまくる、目立ちまくる ／ 吹きまくる

「魚がとれて、とれて、とれまくる」（1997年8月 テレビ東京の番組）

「バブルでモノが売れまくった時期…」（新聞）

「1950年代のはじめ、アメリカにマッカーシー旋風がふきまくり、研究の自由がおびやかされた…」（永井道雄『教養とは何か』）

前に述べたように、本来「まくる」は、人の意志的行動を表す語について勢いや強さを示すのであるが、それが転じて事柄の状況を表すこともある。例はまだ少ないが、使用範囲が広がる傾向にある。

「まくる」は、自然現象を表す語にはつかないが、唯一例外的に「風が吹きまくる」という表現がある。風神のイメージもあるように、風は、擬人化されやすく、吹きすさぶさまが「まくる」の持つエネルギーと合うのであろう。用例を挙げてみよう。

「颯々とした秋の声がまるで掃いてゆくように河内平野を吹きまくっていた」（今東光『役僧』）

「東京の高層地区などでは、れいのビル風が夢幻自在に吹きまくり、いちばん風害のつよいところだ…」（新聞）

この風のイメージが社会的現象として「不況の嵐」や「革新の旋風」が「吹きまくる」のような形でよく用いられるのであろう。

11.6　まとめ

強調の表現としては、すでに述べた「〜たてる」の形がある。その違いについて考えてみよう。

(1)　目的意識

《書きたてる／書きまくる》

「書きたてる」は、マスコミが読者に訴えるため目立つように書く、あるいは細かいことまで落とさず次々書いて知らせるという意味である。いずれも読み手を意識し、強く訴えかけるという目的がある。一方、「書きまくる」のほうは、誰が書く場合でもよい、勢いに任せてとにかく多量に続けて書くという点に重点がある。「手紙を書きまくったが、結局出さなかった」というように目的を果たさない場合もあるし、「[図／メモ／でたらめな線／記号] をかきまくる」と伝達内容のはっきりしない場合もある。

《騒ぎたてる／騒ぎまくる》

意図をもって「騒ぐ」のが「騒ぎたてる」であるが、自分の楽しみのため「騒ぐ」のが「騒ぎまくる」である。
《飾りたてる／飾りまくる、言いたてる／言いまくる、泣きたてる／泣きまくる、数えたてる／数えまくる》

いずれも、他者への訴えかけという目的意識の差が相違点になろう。

(2) 受動性と能動性

上に見たように人への訴えかけの有無が大きな差となるとすれば、それのない受動的な行為には「たてる」はつきにくい。

読みまくる
？読みたてる
書きたてる

聞きまくる
？聞きたてる
言いたてる

買いまくる
？買いたてる
売りたてる

「読む／書く、聞く／言う、買う／売る」のようなペアの行為の場合、他者への働きかけが大きい能動的な行為のほうに「たてる」がつきやすい。

能動的行為「〜たてる」の対象者は、しばしば受身の形で被害者として表されるが、「〜まくる」には使われない場合がある。

書きたてられる
？書きまくられる

騒ぎたてられる
？騒ぎまくられる

(3) 文 体

すでに見たように、「〜まくる」は、俗語的であり、敬意もない。「〜たてる」は、文章語的な語にもつくし、敬語表現も可能である。

述べたてる：　述べたてられる　　述べたてていらっしゃる
述べまくる：？述べまくられる　？述べまくっていらっしゃる

「論じたてる、弁じたてる」も同様である。

「〜まくる」は、このような文体的な制限があるにせよ、結合する語は、「〜たてる」よりずっと多い。話しことばの分野で今後も流行語的にますます使われるものと思われる。

第12章

複合動詞の結合性から見た動詞の意味分類と分析の可能性

12.1 前項・後項動詞の意味関係

前項・後項動詞の組み合わせ上の意味関係あるいは制限については、すでに先行研究に次のような指摘がある。以下にまとめてみよう。

(1) 複合動詞は、一つの主語、一つの目的語で構成される単一の事象を表す。すなわち、対立概念ではなく、類似概念を並列させている。したがって、「行き来、貸し借り」のような対立概念を一つの複合動詞の中に取り込むことはできない。(影山 1993: 101)

(2) 二つの動詞は、その行為・作用の時間的前後関係を表している場合が多い。

(例) 崩れ落ちる→崩れて、落ちる (長嶋 1976: 100)、(山本 1992: 430)

(3) 類似概念並列の場合、前項には、初発の状態や程度が弱度の状態を表す動詞が、また後項には、進展・終局の状態や程度が強度の状態を表す動詞が来る。

(例) 照り輝く → 照る < 輝く
泣き叫ぶ → 泣く < 叫ぶ
放り投げる → 放る < 投げる (山本 1992: 430)

(4) 前項には、何らかの動きを表す動詞、後項には、結果を表す動詞が来ることが多い。(山本 1992: 431)

(5) ある行為・作用の最終的な状態や結果だけに注目するような動詞は、前項動詞になりにくい。

(例)「崩す、砕く、殺す、壊す、つぶす」等 (長嶋 1976: 101)

(6) 《動作》を表す動詞を前項に、何らかの形で《変化》を表し得る動詞を後項にする組み合わせが代表的である。(石井 1983a: 84)

最後に挙げた石井 (1983a: 79, 80) には、「構成要素となる動詞の『他動性・自動性』『意志性』『アスペクト (に関わる語彙的な意味)』などといったカテゴリカルな意味のレベルを手掛かりに、複合動詞の語構造を明らかにしようとする」詳細な検討がある。

石井 (1983a: 86) によれば、「複合動詞は、一つの運動を《動作 (形態面)》と《変化 (内容)》とに分析し、それらを [実現] → [結果] という関係のもとに統一して表現している」。

(例) (魚が) 浮き上がる → (魚が) 浮き　(魚が) 上がる
　《動作》　《変化》
　[実現]　[結果]

他動詞文については自動詞文の内包構造と見る。

(例) 太郎が　岩を　くだく　→ 太郎が　岩が　くだける　ようにする
(太郎が岩を) 打ちくだく
→ (太郎が岩を) 打ち　(岩が) くだける　(太郎が) ようにする
　《具体的動作》　《変化》　《形式的動作》
　[実現]　[結果]　[実現]

この論文では、現代語辞書 3 種の見出し語から抽出した複合動詞 2569 語 (異なり語数) について《動作・変化》という観点から分類し、その前項・両項・後項動詞の割合を調べている。その結果によると、次の 2 種の動詞が後項動詞全体の 87.2% を占めるということである。

- いわゆる継続動詞他動詞のうち、主体の《動作》と同時に客体の《変化》をも表す類
  (例)「上げる、つける」等
- いわゆる瞬間動詞自動詞のうち、主体の《変化》を表す類
  (例)「上がる、つく」等

この中でも、対応関係を有する自他動詞のペア (あるいは一方のみ) が多いことも報告されている。数が多いと同時に、これらの語が後項動詞として生産性の高いことも日本語の複合動詞の特徴であろう。

第 2 章 3 節で、国立国語研究所の『複合動詞資料集』(野村・石井 1987) により生産性の高い後項動詞を見たが、この中には、対応関係を有する自他動詞が多い。上記の資料を参考に、サ変動詞や文語体の古めかしい語を除き、新たに動詞結合の可能性を考えた主な複合動詞を本書で扱った。その主なものを、以下に複合動詞の概数と共に挙げてみる。大部分が対応関係を有する自他動詞の両方かあるいは他動詞である。

[自動詞]		[他動詞]	
～でる	約 60 語	～だす	約 160 語 (開始を表すものは除く)
～つく	約 60 語	～つける	約 110 語 (習慣を表すものは除く)
～あがる	約 80 語	～あげる	約 150 語
～いる	約 50 語	～いれる	約 80 語
～おちる	約 30 語	～おとす	約 50 語
～かえる	約 50 語	～かえす	約 90 語
～かかる	約 40 語	～かける	約 50 語 (始動を表すものは除く)
～たつ	約 50 語	～たてる	約 50 語
～とおる	約 10 語	～とおす	約 80 語
～ぬける	約 10 語	～ぬく	約 100 語
～きれる	数語のみ	～きる	約 250 語
～なおる	数語のみ	～なおす	多数
～つづく	数語のみ	～つづける	多数
×		～始める	多数
×		～まくる	約 50 語
～あう	多数	～あわせる	約 80 語
～こむ	約 290 語	～こめる	約 20 語

最後の「～あう」と「～こむ」は別格として、他動詞の働きが大きいことが分かる。特に、最初に挙げた、「出入・上下移動、付着」等の意を表す後項動詞類は、自動詞と他動詞の比率が約 1 対 2 になっているのも興味深い。

12.2　前項・後項動詞の結合上の特徴

二つの動詞が結合して複合動詞を形成する場合、斎藤 (1992: 327) によれば、「確認・強調」と「明示化」の傾向が見られる。これは、方向性について論じたものであるが、一般的な意味関係についても該当すると思われる。

(1)　確認・強調：前項の表す動作そのものに、すでに含まれている一定の方向性を後項が改めて明確にする場合。接辞性が下の (2) より高い。

(例) 盛る＋あがる → 盛りあがる　盛る　：上方への蓄積、変形拡大
　　しみ＋とおる → しみとおる　しみる：内部への浸透

(2)　明示化：前項の表す動作そのものには明確に含まれていない一定の方向性を後項がはっきりと指示する場合。

(例) 飛ぶ＋あがる → 飛びあがる
　　飛ぶ：上方移動は含まず、「あがる」との結合で方向性含有
　　　　反対方向「おりる」とも結合の可能性あり
　　押す＋こめる → 押しこめる
　　押す：内部移動は含まず、「こめる」との結合で方向性含有
　　　　反対方向「だす」とも結合の可能性あり

ただし、次の場合は、二つの動詞は結合しない。

(a)　全く同じ意味を含む場合。

(例) のぼる＋あがる → ＊のぼりあがる：両方とも上方移動の意味含有
　　さがる＋おりる → ＊さがりおりる：両方とも下方移動の意味含有
　　もたれる＋つく → ＊もたれつく　：両方とも接着指向の意味含有
　　抱く＋持つ　 → ＊抱き持つ　：両方とも手による保持の意味含有

すでに述べたように、複合動詞は、一つの運動を二つの動詞に分析し、それらを複合語という形態に統一して表現しているものであるから、全く同じような意味を添加するだけでは、言語の効率性から言っても無意味になる。

(b)　全く反対の意味を含む場合。

(例) のぼる＋さがる　 → ＊のぼりさがる：上下移動の反義含有
　　もたれる＋離れる → ＊もたれ離れる：接着と離反の反義含有
　　抱く＋放す　　 → ＊抱き放す　：保持と放散の反義含有

これは、すでに本章1節で述べたように、複合動詞が対立概念を並列させるものではないという理由による。

12.3　動詞の分類　その 1——方向性から見た意味特徴

すでに見たように、生産性の高い後項動詞には方向性を表すものが多い。次の 4 種の方向性を表す後項動詞群との結合の様相から動詞を分類してみる。

① 上方向：～あがる、～あげる
② 下方向：～さがる、～さげる、～おりる、～おろす、～おちる、～おとす
③ 内方向：～こむ、～こめる、～いる、～いれる
④ 外方向：～でる、～だす

この類は、形態変化と移動の二つに大別される。

A　部分の移動による主体または客体の形態変化上方向

	上方向①	下方向②	上下方向①②	①②結合せず
内方向③	折れる*1　縮む まくれる めくれる 折る　まくる めくる　たくる くくる　縫う	崩れる なだれる 削る そぐ こそげる 裁つ	はげる 切れる 剃る*2 刈る 切る	窪む　くびれる こごむ　かがむ　しゃがむ へたる　曲がる　座る 畳む　曲げる　たくす くける　かがる　いせる まつる　からげる　抉る [枝を] すく　ちぎる
	《形の縮小》			
外方向④	のびる　のる **《形の伸長》**			
③④結合せず	立つ　起きる 膨れる　腫れる 盛る　重ねる 積む　張る **《形の伸長》**	焼ける ちぎれる 焼く **《形の縮小》**	燃える **《形の伸長と縮小》***3	

*1　「折れあがる」：底辺の線に視点を置けば、線の上方移動になる。
「折れこむ」　：内側に入る部分に視点を置けば、内部移動になる。
*2　「剃りおとす」：離脱部分に視点を置けば、下方移動になる。
「剃りあげる」：残余部分の底辺の線に視点を置けば、線の上方移動になる。
「剃りこむ」　：離脱部分の残余部分への侵入に視点を置けば、内部移動になる。
*3　「燃えあがる」：炎の上昇に視点を置けば、上方移動になる。
「燃えおちる」：物体の燃焼完了に視点を置けば、下方移動になる。

B　主体または客体の移動

	上方向①	下方向②	上下方向①②	①②結合せず
内方向③	すする 上がる*1	垂れる ずれる 落ちる*2 沈む*2 落とす*2 垂らす*2 射る 飲む 食う	抱く	入る　もぐる　這いずる 回る　まぎれる　まじる 漬かる　はまる うもれる　うまる 漬ける　浸す　埋める はめる　詰める　隠す しまう　ためる　封じる 注ぐ　つぐ
外方向④	浮く 浮かぶ 沸く　せる つまむ つかむ 拾う	あふれる こぼれる		にじむ　ほとばしる 現れる　進む　漂う 逃れる　抜ける　歩む 生まれる ほっぽる　吐く　しごく 濾す　抜く　ほじくる
内外方向③④	踊る 絞る　吸う 浚う　汲む 掬う 漕ぐ 持つ　担ぐ 差す	転がる 転げる 滑る 流れる 逃げる 篩う はたく 擂る 掃く	駆ける　這う 飛ぶ　跳ねる 舞う　吹く 搔く　振る 投げる　ほうる 払う　打つ 押す　突く 叩く　引く 引きずる　取る 引っぱる　釣る たぐる　操る 抱える　運ぶ 追う	走る　泳ぐ　にじる しみる　溶ける 迷う　さ迷う　忍ぶ 送る　連れる 召す　呼ぶ 誘う　導く はじく 流す
③④結合せず	つるす	したたる 外れる 離れる	伝う ずる	

*1　「上がる」は上方移動を表すので、「～あがる」の類との結合不要。
*2　「落ちる」の類は下方移動を表すので、「～下る」の類との結合不要。

12.4　動詞の分類　その 2――指向性等から見た意味特徴

次の 3 種の指向性、接着性、浸透性を表す後項動詞群との結合の様相から動詞を分類してみる。

① 指向性：～かかる、～かける

② 接着性：～つく、～つける

③ 浸透性：～こむ

<table>
<tr><th></th><th></th><th>接着性強②</th><th>接着性弱</th></tr>
<tr><td rowspan="2">指向性強①</td><td>浸透性強③</td><td>乗る　飛ぶ　追う　吹く　跳ねる

呼ぶ　寄せる　攻める　投げる　打つ
押す　引く　突く　切る　吐く　差す
振る　殴る　蹴る</td><td rowspan="2">浴びせる　注ぐ
射る　立てる
囁く　喋る　語る
話す　歌う
尋ねる　問う
訴える　働く

誘う　いざなう
笑う　微笑む</td></tr>
<tr><td>浸透性弱</td><td>寄る　もたれる*
ほえる　じゃれる　甘える
着せる</td></tr>
<tr><td rowspan="2">指向性弱</td><td>浸透性強③</td><td>しみる　へばる　絡まる　絡む
抱く　巻く　組む　こする　擂る　なする
塗る　はたく　叩く　まぶす　張る
縫う　まつる　編む　綴じる　煮る　煎る
染める　刻む　彫る　書く　植える　盛る
踏む　押さえる　挟む　締める　ねじる
食う　食らう　吸う</td><td></td></tr>
<tr><td>浸透性弱</td><td>粘る　まつわる　まとう　すがる
噛む　しゃぶる　しがむ
撫でる　こねる
結う　結える　結ぶ　くくる　縛る</td><td></td></tr>
</table>

*「もたれる」は、接着が前提になるので、「～つく」との結合不要。

以上、「方向性」、「指向性」、「接着性」等から見ると、どの後項動詞とも結合する動詞、すなわち、それぞれの意味を潜在的に有しながらも、自由性に富んでいる動詞は、次の 15 語である。

- 押す、引く、打つ、叩く、突く、投げる、振る、取る、切る、蹴る
- 追う、攻める、飛ぶ、見る

- 吹く

一部結合の欠ける次の動詞 2 語も加えると、計 17 語となる。

- 駆ける (「～かける」等、指向性を表す後項動詞類とは結合しない)
- 差す (「～おとす」等、下方移動を表す後項動詞類とは結合しない)

これらの動詞は、身体の動きを表すものが主であるが、上に挙げた後項動詞のほかにも、「～まわる」、「～まわす」、「～かえる」、「～かえす」等、方向性を表す後項動詞類とも大部分が結合する。

12.5 動詞の分類 その 3——接着性・対等接合性から見た意味特徴

次の 2 種の接着性、対等接合性を表す後項動詞群との結合の様相から動詞を分類してみる。

① 接着性：～つく、～つける

② 接合性：～あわせる

	接着性強①	接着性弱
対等接合性強②	こする 擦る 叩く 打つ 引く 突く こねる ねじる 締める つける 組む 張る 絡む 抱く 噛む 結う 結ぶ 縛る くくる 寄せる かがる まつる 縫う 編む 綴じる 重ねる* 束ねる つなぐ つぐ はぐ くける かける 綴る ぶつける まぜる 足す 握る 詰める	練る 撚る よじる もむ 掻く 抜く 裁つ 畳む
対等接合性弱	なする しみる 踏む 押さえる 投げる 吐く 巻く 着せる はさむ 塗る 食う 食らう しゃぶる しがむ 吸う すがる まつわる 撫でる	

* 「重ねる、束ねる」の類は、接着・接触が前提になるので、「～つく」や「～つける」との結合は不要。

12.6　動詞の分類　その 4――創出・完成から見た意味特徴

次の 2 種の創出性・完成度を表す後項動詞群との結合の様相から動詞を分類してみる。

① 創出性：～だす

② 完成度：～あがる、～あげる

<table>
<tr><th></th><th colspan="2">創出性強①</th><th>創出性弱</th></tr>
<tr><td>完成度強②</td><td colspan="2">作る　こしらえる
書く　描く
編む　織る
染める　刷る
削る　彫る
調べる</td><td>焼く*　煎る　煮る　ゆでる　炊く　蒸す
炒める　こねる　練る　固める　塗る
刻む　折る　撚る　結える　結う　結ぶ　縫う
張る　洗う　干す　磨く　研ぐ　拭く
読む　撮る　数える　並べる　まとめる
仕立てる　築く　育てる　鍛える　勤める</td></tr>
<tr><td rowspan="2">完成度弱</td><td colspan="2">考える　生む
ひねる　ひねくる
稼ぐ　かもす</td><td></td></tr>
<tr><td>発見度強</td><td>見る
見つける
聞く　嗅ぐ
探す　探る
洗う　割る</td><td></td></tr>
</table>

*「焼く、煎る、煮る」等、創出性の弱いものは、素材加工の作業を表す類である。「～あがる」、「～あげる」と結合して、単なる完了を示すにすぎない。このことは、「書きあげる」（創作）と「読みあげる」（読書、読字）を比較すると、明らかであろう。

12.7　動詞の分類　その 5――単独性と共同性から見た意味特徴

動詞の意味特徴の一つに、単独の動きか、必ず相手を必要とする動きかということがある。次に、「～あう」との結合の様相からこの点について考える。まず、「～あう」と結合しない動詞の特徴を見てみよう。それには、相手の必要なもの、すなわち、共同性の強いものと、反対に単独性を前提とするものとがある。

【1】 共同性の強いもの

（1） 結婚する、婚約する、めとる、（友人・夫婦・知り合い等）になる、試合する、会う、連れ立つ、住む、あえる、揃う

（2） 離別する、離婚する、別れる

（3） 異なる、違う、適する、類する、かなう、そぐう

これらの語は、相手を必要とするものであるから、ことさら「～あう」をつける必然性がない。外国人学習者に次のような誤用例がある。

＊「試合のあと二つのチームは互いに友人になりあっている」

人と友人になるには、互いの信頼や友人関係成立の承認が前提であり、このような完全に対等な関係では、「あう」の付加は、むしろ排除される。「結婚」、「婚約」や「離婚」も、同様に二者の合意の上に成り立つものであるから、「あう」は不必要である。「住む」についても日本人にとっては共同体を前提としているのか、「あう」がつかない。

【2】 単独性の強いもの

（1） 生まれる、死ぬ、病気になる、体を壊す、老いる、息が絶える、絶え入る、衰える、くたばる、没する、滅びる、癒える、治る、産む、子を宿す

（2） 目が覚める、肩がこる、涙がとまる、しびれる、ほてる、うずく、かじかむ、かすれる、目がくらむ、めまい・頭痛・吐き気等がする、気が狂う、うだる、疲れる、くたびれる、ばてる、痛む、じれる、慌てる、たまげる、いじける、飢える、汗ばむ、こりる、ぐずる、焦る、眠る

（3） 誤る、間違える、損なう、損じる、とちる、遅れる、よす、あぶれる、溺れる、さすらう、ぐれる、～あぐねる、～そびれる、～かねる、～損ねる、～忘れる

（4） 至る、来る、現れる、去る、たたずむ

（5） くれる、よこす、下さる、あやかる、受かる、見える、聞こえる、大部分の受身形動詞

(6)　赤茶ける、赤らむ、汚れる、荒れる、脂ぎる、かさむ、かさばる、角張る、くぼむ、垢染みる、崩れる、大人びる、うらぶれる、薄れる、焦げる、劣る、まさる、足りる、役に立つ、表立つ、ある、要る、余る、かたよる

これらの語は、人間の生理的・心理的現象、自然現象、状態性を表し、無意志的なものが多い。心理的現象に関する語の中にも、「うなだれあう」、「いら立ちあう」等の表現はある。これは、客観的にそう見えることを言うものであり、「焦る」や「疲れる」のように主体が主観的に感じる現象の場合は、二者に同様のことが生じることをはっきり表す「～あう」の機能とそぐわないのであろう。

また、生死にかかわることは、個の問題であり、たとえ、心中したとしても、死を迎えることは、単独の行為と見なされる。それで、「死にあう」とは言わないのである。受身形が避けられるのは、やはりその無意志性からであろう。「紹介されあう」などはいいとしても、「叩かれあう」などは、互いにわざとそうされたという感じを与え、特別な場面でもない限り、不自然である。

【3】　漢字 1 字のサ変動詞、母音単音の語

(1)　化す、課す、休す、和す、帰す、検する等

(2)　鋳る、射る、得る

これらの語は、形態的制限から「あう」がつきにくいものである。「課す」のような漢字 1 字の語は、「あう」に限らず、一般的に複合動詞を形成しにくい。文体的な制限もあるのであろう。(2) の類は、「いあう」のような母音の並列を避けることによるものと思われる。

大部分の動詞は、「と」あるいは「と共に」を伴って共同動作・作用の相手を表す。「と共に」のつかないのは、自然現象や生理現象、状態に関する一部の動詞にすぎない。次に相手を表す「と」、「と共に」および「～あう」との結合如何について、例を選んで考えてみよう。

と	×	と共に			と共に／と		と
例	A	B			C		D
	晴れる	現れる	もがく	訪れる	戦う	試合する	結婚する
	曇る	生じる	向く	招く	分ける	喧嘩する	離婚する
	照る	生きる	読む	助ける	競う	和える	駆落する
	凍る	死ぬ	書く	叩く	ぶつかる	会う	心中する
	冴える	流れる	歌う	呼ぶ	つながる	当たる	別れる
	疲れる	埋まる	彫る	押す	くっつく	見合する	違う
	強 ← 単独性				共同性 → 強		

と	×	と共に	と共に	と共に／と		と	
例	A		B	C		D	
	晴れる	現れる	もがきあう	訪れあう	戦いあう	試合する	結婚する
	曇る	生じる	向きあう	招きあう	分けあう	喧嘩する	離婚する
	照る	生きる	読みあう	助けあう	競いあう	和える	駆落する
	凍る	死ぬ	書きあう	叩きあう	ぶつかりあう	会う	心中する
	冴える	流れる	歌いあう	呼びあう	つながりあう	当たる	別れる
	疲れる	埋まる	彫りあう	押しあう	くっつきあう	見合する	違う
			←「～あう」のつく動詞 →				

仮に、この表にしたがって単独性と共同性の間に A ～ D の段階をつけるとすると、普通の動詞では、両端の A と D の数が最も少なく、C がそれに次ぎ、大半は、B に属すると言えよう。「～あう」の働きは、さらにこの特徴を明確にし、結合する動詞を峻別する。その結果、両端の A と D に組み入れられる動詞が増える。B の類は、減るのであるが、そのかわり、「あう」がつくことによって B から C に昇格するものもある。すなわち、より強い共同性を帯びる語が増えることになる。「あう」との結合の可否は、このように動詞の単独性と共同性に深い関係がある。

12.8　複合動詞の結合性から見た動詞の意味分析

語の意味特徴を考えるには、さまざまな方法が考えられるが、例えば、長嶋 (1989: 196–198) では、場面的機能 (例:「本」と「書物」の使い分け)、文脈的機能 (例:「英語で考える／*英語で思う」) という規定が提示されている。「語の意味は、また、どのような複合語を作れるかによっても規定されている。これも、広い意味で文脈的機能と考えられる」として「思う」、「考える」および「しみる」、「にじむ」について次のような複合動詞による考察を行っている。

思う　：	思い描く	×	×
考える：	×	考えぬく	考え方

しみる：	しみでる	しみいる	しみこむ	しみとおる
にじむ：	にじみでる	×	×	×

この考え方をもう一歩進めて、結合する複合動詞の範囲を広げることにより意味特徴をさらに明確にできるのではないかと考え、以下にいくつかの類義語について試みる(「～だす」、「～かける」、「～つける」については「開始」、「習慣」のアスペクトの意を表すものは除く)。

【1】「思う」と「考える」

思う　：思いだす＝記憶のよみがえり
考える：考えだす＝新アイデアの創出

思いこむ＝ある思いへのとらわれ
考えこむ＝思考回路の渋滞

思いあう＝互いのことを案じる
考えあう＝一つの問題についてともに考える

思う　：	思いあがる	思い患う	思い惑う	思い迷う	思い乱れる
考える：	×	×	×	×	×

思う　：	思いたつ	思い残す	思い知らす	思い焦がれる
考える：	×	×	×	×

思う　：	思い余る	×	思い切る	思いやる	思い諦める
考える：	×	考えつくす	×	×	×

これらの対比から二つの語に関する感情性、想念と情念、意志力、即興性、論理性等の相違が浮き彫りになってくる。

【2】「しみる」と「にじむ」

しみる：	しみつく	しみわたる
にじむ：	×	×

長嶋 (1989: 199) では、「しみる」は、「内部に向けての拡散、浸透」、「にじむ」は、「表面での拡散」と説明している。上の例で見るように「しみる」のほうが「～わたる」がつくことによって拡散度が高いこと、また「～つく」を伴うことによって付着の意味も潜在的に有していることが分かる。名詞の形として「しみ」という語もあるように「しみる」には、浸透＋固着という意味特徴があると考えられる。

【3】「したたる」、「垂れる」、「伝う」、「あふれる」、「こぼれる」

したたる：	したたり落ちる	×	×	×
垂れる：	垂れ落ちる	×	垂れかかる	垂れさがる
伝う：	伝い落ちる	×	×	×
あふれる：	あふれ落ちる	あふれでる	×	×
こぼれる：	こぼれ落ちる	こぼれでる	こぼれかかる	×

したたる：	×	×	×
垂れる：	垂れこめる	×	×
伝う：	×	伝いおりる	伝いのぼる
あふれる：	×	×	×
こぼれる：	×	×	×

したたる＝単なる落下。帯状の拡散や懸垂状態なし。
垂れる　＝帯状の拡散や宙吊りの懸垂状態、充満性あり。指向性あり。
伝う　　＝移動方向自由。意志性あり。帯状の拡散や懸垂状態なし。
あふれる＝外部移動あり。帯状の拡散や懸垂状態なし。指向性なし。
こぼれる＝外部移動あり。帯状の拡散や懸垂状態なし。指向性あり。

【4】「抱(だ)く」と「抱(かか)える」

抱く：	抱きあげる	抱きおろす	抱きつく	抱きよせる
抱える：	抱えあげる	抱えおろす	×	×

抱く	：抱きすくめる	抱きとる	抱きとめる	抱きしめる
抱える	：×	×	×	×
抱く	：×	×	抱きあわせる	×
抱える	：抱え持つ	抱え出る	×	抱えきれない

抱く　：抱きあう＝互いを抱く／一つのものを交代で抱く
抱える：抱えあう＝一つのものを共同で抱える／各自同じものを抱える

抱く　＝親愛の情による密着指向。親愛の情による強度指向あり。
　　姿勢自由、寝そべりながらも可。
　　主体と抱く対象の大きさは同じ、または対象のほうが小さい。
抱える＝対象を腕と体の一部で支える。運搬の可能性あり。
　　姿勢は原則として立つか座るか、地面に対し直立方向。
　　抱える対象は、主体より小さい。
抱き抱える → 抱いてから、抱える

【5】「つる」と「つるす」

つる	：つりあげる	つりさげる	つりだす	つりこむ
つるす	：つるしあげる	×	×	×

つりあう　：均衡
つるしあう：互いに同じものをつるす

つる　＝何かをひっかける。移動方向自由。つる対象の形態制限なし。
つるす＝上方を固定して垂らす。つるす対象は、ある程度の長さあり。
　　移動なし。

【6】「ほうる」、「ほっぽる」、「投げる」

ほうる	：ほうりだす	ほうりこむ	ほうりあげる	×
ほっぽる	：ほっぽりだす	×	×	×
投げる	：投げだす	投げこむ	投げあげる	投げおろす
ほうる	：ほうりつける	×	×	×
ほっぽる	：×	×	×	×
投げる	：投げつける	投げ捨てる	投げ与える	投げとばす

ほうる　：ほうりかえす　×
ほっぽる：　×　×
投げる　：投げかえす　投げかける

ほうる　：ほうりあう　＝互いにほうる／各自同じものをほうる
ほっぽる：ほっぽりあう＝各自同じものをほっぽる
投げる　：投げあう　＝互いに投げる／各自同じものを投げる

ほうる　＝方向内外、上中心。接着指向あり。通常は力を入れない。
ほっぽる＝手から離すことに重点。外部方向中心。接着指向なし。
投げる　＝方向自由。指向性、接着指向あり。力をこめる場合あり。

【7】「こする」、「さする」、「なする」、「なでる」

こする：	こすりこむ	こすりつける	×	×
さする：	×	×	×	×
なする：	なすりこむ	なすりつける	×	×
なでる：		なでつける	なであげる	なでおろす

こする：こすり回す　こすりあわせる
さする：さすり回す　×
なする：なすり回す　×
なでる：なで回す　×
なでさする → なでながら、さする

こする＝内部浸透、接着指向あり。上下方向性特になし。同じ大きさのもの同士の摩擦あり（例：「両手をこすりあわせる」）
さする＝内部浸透、接着指向なし。上下方向性特になし。
なする＝内部浸透、接着指向あり。上下方向性特になし。
なでる＝内部浸透なし。接着指向あり。上下方向性あり。

【8】「言う」、「話す」、「語る」、「喋る」、「述べる」、「呟く」、「罵る」、「喚く」、「呼ぶ」

言う　：	×	言いかえす	言いこめる	×
話す　：	話しかける	×	×	話しこむ（固着）
語る　：	語りかける	×	×	×

喋る	：喋りかける	×	×	喋りこむ（固着）
述べる	： ×	×	×	×
呟く	： ×	×	×	×
罵る	： ×	罵りかえす	×	×
喚く	： ×	喚きかえす	×	×
呼ぶ	：呼びかける	呼びかえす（召還）	×	呼びこむ（内部）

言う	：言いたてる	言いつける	言い捨てる	言い散らす
話す	： ×	×	×	×
語る	： ×	×	×	×
喋る	：喋りたてる	×	×	喋り散らす
述べる	：述べたてる	×	×	×
呟く	： ×	×	×	×
罵る	： ×	×	×	罵り散らす
喚く	：喚きたてる	×	×	喚き散らす
呼ぶ	：呼びたてる	呼びつける	呼び捨てる	×

言う	：言い伝える	×	言い損なう	言いそびれる
話す	：話し伝える	×	話し損なう	話しそびれる
語る	：語り伝える	語り明かす	語り損なう	語りそびれる
喋る	： ×	喋り明かす	喋り損なう	喋りそびれる
述べる	：述べ伝える	×	述べ損なう	×
呟く	： ×	×	×	×
罵る	： ×	×	×	×
喚く	： ×	×	×	×
呼ぶ	： ×	×	呼び損なう	呼びそびれる

言う	：言い表す
話す	： ×
語る	： ×
喋る	： ×
述べる	： ×
呟く	： ×
罵る	： ×

喚く　：　×
呼ぶ　：　×

言う　：言いあう＝口論／口々に言う
話す　：話しあう＝合意を目標とする意見交換
語る　：語りあう＝言語によるコミュニケーション
喋る　：喋りあう＝言語によるコミュニケーション
述べる：述べあう＝言語によるコミュニケーション（意見披露）
呟く　：呟きあう＝口々に呟く
罵る　：罵りあう＝口々に罵る
喚く　：喚きあう＝口々に喚く
呼ぶ　：呼びあう＝互いを呼ぶ／口々に呼ぶ

言う　＝指向性なし。音声のみの発声、相手へのおうむ返しあり。
話す　＝指向性あり。
語る　＝指向性あり。
喋る　＝指向性あり。
述べる＝指向性なし。
呟く　＝指向性なし。
罵る　＝指向性なし。音声のみの発声、相手へのおうむ返しあり。
喚く　＝指向性なし。音声のみの発声、相手へのおうむ返しあり。
呼ぶ　＝指向性あり。

言う　＝注意喚起（大声等）の行動あり。情報伝達性あり。
話す　＝情報伝達性あり。
語る　＝情報伝達性あり。
喋る　＝注意喚起（大声等）の行動あり。
述べる＝注意喚起（大声等）の行動あり。情報伝達性あり。
呟く　＝注意喚起の行動なし。情報伝達性なし。
罵る　＝注意喚起（大声等）の行動あり。
喚く　＝注意喚起（大声等）の行動あり。
呼ぶ　＝注意喚起（大声等）の行動あり。

言う　＝無統制・不統一性あり。
話す　＝統制・統一性あり。

語る　＝時間継続性（一晩）あり。
喋る　＝時間継続性（一晩）あり。無統制・不統一性あり。
述べる＝統制・統一性あり。
罵る　＝無統制・不統一性あり。
喚く　＝無統制・不統一性あり。
呼ぶ　＝統制・統一性あり。

以上、動詞がどのような動詞と結合するのか、あるいはしないのかという点から意味特徴を探ってみた。もし、コンピュータ処理が可能になれば、全ての複合動詞を対象にし、結合の規則性が見いだせるかもしれない。複合動詞の解明が動詞の研究に大きく寄与する日の来ることを願いつつ、この章を終えたいと思う。

参考文献

各項目末尾［　］内の数字は、本文の言及ページを示す。

武部良明（1953）「複合動詞における補助動詞的要素について」『金田一博士古稀記念　言語民俗論叢』三省堂［7, 23, 28］
斎賀秀夫（1957）「語構成の特質」『講座現代国語学 II　ことばの体系』筑摩書房［5］（1997『語構成』ひつじ書房に再録）
阪倉篤義（1957）「語構成序説」『日本文法講座 1 総論』明治書院［5］（1997『語構成』ひつじ書房に再録）
見坊豪紀（1962）「複合語」『国立国語研究所報告 25　現代雑誌九十種の用語用字第三分冊 分析』秀英出版［3］
佐久間鼎（1966）『現代日本語の表現と語法』恒星社厚生閣［6, 134, 174］
奥津敬一郎（1967）「対称関係構造とその転形」『日本語研究』ICU 日本語研究室［143］
寺村秀夫（1969）「活用語尾・助動詞・補助動詞とアスペクト――その一」『日本語・日本文化』1　大阪外国語大学研究留学生別科［13, 21, 96, 126, 131, 139］
奥田靖雄（1970）「を格の名詞と動詞とのくみあわせ（五）」『教育国語』21 号　むぎ書房［95］
国広哲弥（1970）「日英両語接置動詞の意義素」『意味の諸相』三省堂［110］
宮島達夫（1972）『国立国語研究所報告 43　動詞の意味・用法の記述的研究』秀英出版［11, 37, 43, 53, 84, 106, 115, 136, 140, 143, 214］
大阪外国語大学（1973）『An Introduction to the Structure of Japanese Workbook-II』［96, 97, 98］
姫野昌子（1975）「複合動詞『～つく』と『～つける』」『日本語学校論集』2　東京外国語大学
金田一春彦（1976）「国語動詞の一分類」『日本語動詞のアスペクト』むぎ書房［134, 174］
柴田武（編）（1976）『ことばの意味――辞書に書いていないこと』平凡社［109］
鈴木重幸（1976）「日本語の動詞のすがた（アスペクト）について――～スルの形と～シテイルの形」『日本語動詞のアスペクト』むぎ書房［174］
長嶋善郎（1976）「複合動詞の構造」『日本語講座第 4 巻　日本語の語彙と表現』大修館書店［221, 222］
姫野昌子（1976）「複合動詞『～あがる』、『～あげる』および下降を表す複合動詞類」『日本語学校論集』3　東京外国語大学
吉川武時（1976）「現代日本語動詞のアスペクトの研究」『日本語動詞のアスペクト』

むぎ書房［96, 129, 137, 139］
野村雅昭（1977）「造語法」『岩波講座日本語　9　語彙と意味』岩波書店
姫野昌子（1977）「複合動詞『～でる』と『～だす』」『日本語学校論集』4　東京外国語大学［9, 100］
森田良行（1977）『基礎日本語──意味と使い方』角川書店［56, 76, 77, 96, 98, 118, 121, 124, 125, 126, 129, 140, 168, 176, 186, 190, 196, 201, 202, 206, 210］
寺村秀夫（1978）『国立国語研究所　日本語教育指導参考書　4　日本語の文法（上）』大蔵省印刷局［164］
西尾寅弥（1978）「自動詞と他動詞における意味用法の対応について」『国語と国文学』5号　至文堂［137］
姫野昌子（1978a）「複合動詞『～こむ』および内部移動を表す複合動詞類」『日本語学校論集』5　東京外国語大学［80］
姫野昌子（1978b）「複合動詞『～かかる』と『～かける』」『日本語学校論集』6　東京外国語大学［9, 28］
森田良行（1978）「日本語の複合動詞について」『講座日本語教育』14　早稲田大学語学教育研究所［21］
姫野昌子（1980）「複合動詞『～きる』と『～ぬく』、『～とおす』」『日本語学校論集』7　東京外国語大学［176］
姫野昌子（1982a）「対称関係を表す複合動詞──『～あう』と『～あわせる』をめぐって」『日本語学校論集』9　東京外国語大学［168］
姫野昌子（1982b）「補助動詞 II　動詞の連用形につく補助動詞及び複合動詞後項」『日本語教育事典』大修館書店［32］
石井正彦（1983a）「現代語複合動詞の語構造分析における一観点」『日本語学』2–8　明治書院［13, 222］
石井正彦（1983b）「現代語複合動詞の語構造分析──《動作》・《変化》の観点から」『国語学研究』23［5］
田辺和子（1983）「複合動詞の意味と構成──『ダス』・『～アゲル』を中心に」『日本語と日本文学』3　筑波大学
山本清隆（1983）「複合語の構造とシンタクス」『ソフトウェア文書のための日本語処理の研究　5』情報処理振興事業協会［16, 28, 30］
石井正彦（1984）「複合動詞の成立──V＋Vタイプの複合名詞との比較」『日本語学』3–11　明治書院
斎藤倫明（1984）「複合動詞構成要素の意味──単独用法との比較を通して」『国語語彙史の研究』5　和泉書院
寺村秀夫（1984）『日本語のシンタクスと意味　II』くろしお出版［6, 8, 29, 30］
山本清隆（1984）「複合動詞の格支配」『都大論究』21　東京都立大学国語国文学会［14, 16］
斎藤倫明（1985）「複合動詞後項の接辞化──『返す』の場合を対象として」『国語学』140［202］
城田俊（1985）「国語動詞の動作相」『国語国文』54–7
玉村文郎（1985）「語の構成と造語法」『国立国語研究所日本語教育指導参考書　13

語彙の研究と教育（下）』大蔵省印刷局 [5]
阪倉篤義（1986）「接辞とは」『日本語学』5–3　明治書院
佐藤恭子（1986）「うち－　ぶち－　ぶっ－　ぶん－」『日本語学』5–3　明治書院
石井正彦（1987）「漢語サ変動詞と複合動詞」『日本語学』6–2　明治書院
野村雅昭・石井正彦（1987）『複合動詞資料集』国立国語研究所報告 [26, 59, 122, 223]
石井正彦（1988a）「辞書に載る複合動詞・載らない複合動詞」『日本語学』7–5　明治書院
石井正彦（1988b）「接辞化の一類型――複合動詞後項の補助動詞化」『方言研究年報』30　和泉書院 [176, 177]
森山卓郎（1988）「形態論」『日本語動詞述語文の研究』明治書院 [8, 9, 11]
石井正彦（1989）「語構成」『講座日本語と日本語教育 6　日本語の語彙・意味（上）』明治書院
長嶋善郎（1989）「語の意味」『講座日本語と日本語教育 6　日本語の語彙・意味（上）』明治書院 [232, 234]
宮内あゆみ（1989）「複合動詞の結合パターン」『東京女子大学日本文学』72
若林武史（1989）「現代日本語の複合動詞の形態と意味――V-V 構造の複合動詞の意味構造」『京都教育大学国文学会誌』23
望月圭子（1990）「日・中両語の結果を表わす複合動詞」『東京外国語大学論集』40
レー・バン・クー（1990）「日越両語における複合動詞『～だす』と『～RA』との対照比較」『日本語教育』72　日本語教育学会
南場尚子（1991）「複合動詞後項の位置づけ」『同志社国文学』34
林慧君（1991）「現代語複合動詞の構造について――動詞の自他を通して」『語文研究』72　九州大学国語国文学会
斎藤倫明（1992）『現代日本語の語構成論的研究――語における形と意味』ひつじ書房 [25, 223]
佐治圭三（1992）『外国人が間違えやすい日本語の表現の研究』ひつじ書房 [39, 49, 79, 95, 99, 137]
山本清隆（1992）「第三部複合動詞辞書　複合動詞結合情報付き動詞辞書作成の試み」『ソフトウェア文書のための日本語処理の研究　11』情報処理振興事業協会技術センター [16, 18, 221]
今井忍（1993）「複合動詞後項の多義性に対する認知意味論によるアプローチ――『～出す』の起動の意味を中心にして」『言語学研究』12　京都大学言語学研究会 [100]
影山太郎（1993）『文法と語形成』ひつじ書房 [7, 8, 18, 19, 20, 27, 29, 30, 53, 59, 108, 117, 118, 168, 221]
中村その子（1993）「現代語複合動詞の多様性――比喩性との関連において」『関東学院大学文学部紀要』66
李暻洙（1993a）「動作の段階的進行を表す複合動詞について――韓国語との対照を中心に」『教育学研究紀要』39–2　中国四国教育学会
李暻洙（1993b）「いわゆる完遂を表す複合動詞についての研究――韓国語との対照

を中心に」『広島大学教育学部紀要［第二部］』42
林翠芳（1993）「日本語複合動詞研究の現在」『同志社国文学』37
李曝洙（1994a）「統語的複合動詞に関する研究――韓国語との対照を中心に」『教育学研究紀要』40–2　中国四国教育学会
李曝洙（1994b）「日・韓両言語における複合動詞の対照研究――対応関係を中心に」『広島大学教育学部紀要［第二部］』43
林翠芳（1994）「三次結合複合動詞の構成要素について――二次結合との比較を通して」『同志社国文学』40
山崎恵（1995）「開始の局面を取り立てる局面動詞について――『～始める』『～出す』の用法比較」『阪田雪子先生古稀記念論文集　日本語と日本語教育』三省堂［98］
林翠芳（1995）「三次結合複合動詞と二次結合複合動詞とのかかわり」『同志社国文学』42
影山太郎（1996）『動詞意味論――言語と認知の接点』くろしお出版
李曝洙（1996）「日・韓両言語における複合動詞『～だす』と『-nay-ta』の対照研究――本動詞との関連を中心に」『日本語教育』89
影山太郎・由本陽子（1997）『語形成と概念構造』研究社
クレイン亜弓（1997）「複合動詞『～かえる』について――日本語教育の観点から」『小出詞子先生退職記念日本語教育論集』凡人社
斎藤倫明・石井正彦（1997）『語構成』ひつじ書房［13］
仁田義雄（1997）『日本語文法研究序説』くろしお出版［144］
由本陽子（1997）「複合動詞を作る『～直す』の意味と構造――英語の接頭辞 re- との相違を参考に」『言語と文化の対話』英宝社［196］
李曝洙（1997）「前項動詞『切る』，後項動詞『－切る』と関連づけて」『日本語教育論集　世界の日本語教育』7号　国際交流基金日本語国際センター
山田進（1997）「書評　影山太郎著『動詞意味論――言語と認知の接点』」『国語学』191［80］
桑原文代（1998）「変化の開始を表す『～はじめる』」『日本語教育』99　日本語教育学会
城田俊（1998）『日本語形態論』ひつじ書房［29, 30, 32, 35, 144, 186, 191, 213, 214］
東京外国語大学留学生日本語教育センター（1998）『外国人児童生徒のための日本語指導　第2分冊　算数（数学）・理科の教科書――語彙と漢字』ぎょうせい［27］
仁田義雄（1998）「相互構文を作る『V シアウ』をめぐって」『阪大日本語研究』10　大阪大学文学部日本語講座［144］
松本曜（1998）「日本語の語彙的複合動詞における動詞の組み合わせ」『言語研究』114　日本言語学会
山川太（2000）「複合動詞『～すぎる』について」『日本語・日本文化』26　大阪外国語大学留学生日本語センター
石井正彦（2001）「複合動詞の語構造分類」『国語語彙史の研究』20　和泉書院
寺田裕子（2001）「日本語の二類の複合動詞の習得」『日本語教育』109　日本語教育学会

姫野昌子（2001）「複合動詞の性質」『日本語学』20–8　明治書院
松田文子（2001）「コア図式を用いた複合動詞後項『〜こむ』の認知意味論的説明」『日本語教育』111　日本語教育学会
石井正彦（2002）「『既製』の複合動詞と『即席』の複合動詞」『国語論究』10　明治書院
井本亮（2002）「複合動詞『V- すぎる』の意味解釈について」『言語科学研究——神田外語大学大学院紀要』8
何志明（2002）「日本語の語彙的複合動詞における『手段』の複合動詞の組み合わせ」『日本語教育』115　日本語教育学会
日野資成（2002）「複合動詞『－出す』の分類——統語論的・意味論的方法を使って」『日本研究』25　国際日本文化研究センター
松田文子（2002a）「複合動詞研究の概観とその展望——日本語教育の視点からの考察」『言語文化と日本語教育』5 月増刊特集号　日本言語文化学研究会
松田文子（2002b）「日本語学習者による複合動詞『〜こむ』の習得」『日本語教育論集　世界の日本語教育』12 号　国際交流基金日本語国際センター

※この年度以降の文献は、国立国語研究所の以下のサイトを参照されたい。
「動詞＋動詞型複合動詞の研究文献一覧」
http://pj.ninjal.ac.jp/lexicon/files/bunken_v3.pdf

※旧版の「複合動詞リスト」は今回削除した。国立国語研究所の以下のサイトを参照されたい。
「複合動詞レキシコン」
http://vvlexicon.ninjal.ac.jp

索　　引

か

き

し

す

せ

そ

た

ち

つ

て

と

な

に

れ

わ

〈著者紹介〉

姫野昌子（ひめの・まさこ）――東京外国語大学名誉教授。著書に、『ここからはじまる日本語教育』（共著、ひつじ書房）、『日本語中級』『日本語上級』（以上、共著、凡人社）、『一年で社説が読めた――東京外国語大学付属日本語学校の 365 日』（共著、研究社）、『現代日本語の様相』（共著、放送大学教育振興会）、『コロケーションが身につく日本語表現練習帳』（監修、研究社）、『研究社 日本語コロケーション辞典』（監修・執筆、研究社）、ほか。

新版　複合動詞の構造と意味用法

2018 年 5 月 31 日　初版発行

著　者　姫　野　昌　子

発行者　関　戸　雅　男

印刷所　研究社印刷株式会社

〈検印省略〉

発行所　株式会社　研　究　社
http://www.kenkyusha.co.jp

〒102–8152
東京都千代田区富士見 2–11–3
電話（編集）03（3288）7711（代）
　　（営業）03（3288）7777（代）
振　替　00150–9–26710

装丁：村松道代

ISBN 978–4–327–38478–4　C 3081　Printed in Japan

本書は、1999 年、ひつじ書房より刊行されたものを復刊したものです。復刊にあたっては、明らかな誤記・誤植等を改めたほか、一部、構成を整理し、組み直しました。